ENTRE A LUZ E A SOMBRA
O LADO A E B DE UM EX-ATOR PORNÔ

Editora Appris Ltda.
1.ª Edição - Copyright© 2023 do autor
Direitos de Edição Reservados à Editora Appris Ltda.

Nenhuma parte desta obra poderá ser utilizada indevidamente, sem estar de acordo com a Lei nº
9.610/98. Se incorreções forem encontradas, serão de exclusiva responsabilidade de seus organi-
zadores. Foi realizado o Depósito Legal na Fundação Biblioteca Nacional, de acordo com as Leis nos
10.994, de 14/12/2004, e 12.192, de 14/01/2010.

Catalogação na Fonte
Elaborado por: Josefina A. S. Guedes
Bibliotecária CRB 9/870

D391e 2023	Dendena, Vitor Entre a luz e a sombra : o lado A e B de um ex-ator pornô / Vitor Dendena. – 1 ed. – Curitiba : Appris, 2023. 104 p. ; 21 cm. ISBN 978-65-250-5327-1 1. Indústria do sexo. 2. Pornografia. 3. Libido. I. Título. CDD – 306.74

Appris
editora

Editora e Livraria Appris Ltda.
Av. Manoel Ribas, 2265 – Mercês
Curitiba/PR – CEP: 80810-002
Tel. (41) 3156 - 4731
www.editoraappris.com.br

Printed in Brazil
Impresso no Brasil

Vitor Dendena

ENTRE A LUZ E A SOMBRA
O LADO A E B DE UM EX-ATOR PORNÔ

FICHA TÉCNICA

EDITORIAL
Augusto V. de A. Coelho
Sara C. de Andrade Coelho

COMITÊ EDITORIAL
Marli Caetano
Andréa Barbosa Gouveia (UFPR)
Jacques de Lima Ferreira (UP)
Marilda Aparecida Behrens (PUCPR)
Ana El Achkar (UNIVERSO/RJ)
Conrado Moreira Mendes (PUC-MG)
Eliete Correia dos Santos (UEPB)
Fabiano Santos (UERJ/IESP)
Francinete Fernandes de Sousa (UEPB)
Francisco Carlos Duarte (PUCPR)
Francisco de Assis (Fiam-Faam, SP, Brasil)
Juliana Reichert Assunção Tonelli (UEL)
Maria Aparecida Barbosa (USP)
Maria Helena Zamora (PUC-Rio)
Maria Margarida de Andrade (Umack)
Roque Ismael da Costa Güllich (UFFS)
Toni Reis (UFPR)
Valdomiro de Oliveira (UFPR)
Valério Brusamolin (IFPR)

SUPERVISOR DA PRODUÇÃO
Renata Cristina Lopes Miccelli

ASSESSORIA E PRODUÇÃO EDITORIAL
Bruna Holmen

REVISÃO
José A. Ramos Junior

DIAGRAMAÇÃO
Bruno Ferreira Nascimento

CAPA
Tiago Reis

SUMÁRIO

CAPÍTULO I
DA INICIAÇÃO À PORNOGRAFIA
AO SUCESSO COMO ATOR PORNÔ 7

CAPÍTULO II
HISTÓRIAS CURIOSAS 23
Cenas sem preservativos 23
O grande susto 24
Alertado pela intuição 25
Confiabilidade nos exames 27
Favor inusitado 29
Cadê meu viagra??? 29
Meu primeiro viagra 32
Pressão extra 33
Perdendo "o selinho" 34
Pombagira ajudou Aninha? 36
Quase "fomos em cana" 37

CAPÍTULO III
O OUTRO LADO DA INDÚSTRIA
DE FILMES PORNOGRÁFICOS 39
Cena bizarra 39
A cena que recusei participar 43
Estimulantes sexuais: pressão e cobranças por boas cenas 46
Pornô cruel com as mulheres 53
Expostas pela internet 58
Sexo pelo sexo não se sustenta 60

CAPÍTULO IV

O QUE VEIO DEPOIS 63

Decisão de parar de gravar pornô 63

Pós-pornô 66

Um fato inusitado 68

Sonhos 71

Jantar indigesto 71

CAPÍTULO V

A ENERGIA SEXUAL 75

Equilíbrio sexual 81

Vício em pornografia digital e seus malefícios 82

CAPÍTULO VI

REFORMA ÍNTIMA 89

Energia feminina e energia masculina: polaridades complementares 92

CAPÍTULO VII

CONVERSA COM O AUTOR 95

CONSIDERAÇÕES FINAIS 101

AGRADECIMENTOS 103

CAPÍTULO I

DA INICIAÇÃO À PORNOGRAFIA AO SUCESSO COMO ATOR PORNÔ

Foi por volta dos meus 15 para 16 anos que assisti pela primeira vez a um filme pornô. Estava em casa, assistindo à televisão, e ouvi meus amigos Márcio e Lucas me chamando da calçada em frente de casa. Olhei para o relógio e vi que eram quase 16 horas. Coloquei meu tênis e peguei a bola de futebol, pois tínhamos o costume de reunir os amigos aos sábados por volta desse horário para jogar futebol em uma quadra próxima de onde morávamos. Ao abrir a porta de casa, vejo o Márcio e o Lucas de chinelos e perguntei se eles iriam jogar de pés descalços. Então, o Lucas me respondeu dizendo para deixar a bola em casa, pois o Márcio tinha encontrado uma fita cassete pornô na casa da irmã e do cunhado dele. Disse ainda que eles tinham saído de férias e que haviam deixado a chave da casa para ele cuidar enquanto estivessem viajando.

Reunimos mais uns amigos e fomos assistir ao filme na casa do cunhado do Márcio, pois ninguém de nós tinha aparelho de videocassete — era um aparelho caro na época e poucas pessoas tinham. Lembro que, quando colocaram a fita cassete no aparelho e o filme começou a rodar, ficamos todos em silêncio assistindo ao filme, com alguns raros comentários. Parecia que estávamos hipnotizados. Para mim, foi marcante assistir àquele filme.

Após o término do filme falei em tom de brincadeira que, quando fosse adulto, iria ser ator pornô. E quando meus amigos me perguntavam no que eu queria trabalhar eu sempre falava: "ator pornô!". Também perguntava a um dos meus tios se ele já havia se imaginado em um emprego sendo pago para "comer a mulherada", e tanto eu quanto ele dávamos risada sem levar muito a sério essa possibilidade.

Com o passar dos anos e já maior de idade, comprei meu próprio aparelho de videocassete e me cadastrei em algumas videolocadoras. Além dos filmes convencionais, também costumava alugar alguns pornôs e volta e meia, quando assistia a esses filmes adultos, eu me imaginava na cena transando com algumas atrizes. Chegou certo dia em que eu estava assistindo a um desses filmes e pensei comigo: "Eu consigo fazer isso ai!", e comecei a analisar essa possibilidade de fazer filmes adultos de maneira mais séria. Para essa análise, eu fiz uma breve retrospectiva desde quando era criança e já entrando para a fase da adolescência e depois o início da minha fase adulta.

Parte da minha infância e a minha adolescência convivi na casa da minha avó materna, com três dos meus tios. Eles, com seus vinte e poucos anos, naturalmente saíam bastante a bailes e festas, pois eram jovens e solteiros. Algumas vezes eu os ouvia, com seus amigos, conversando e falando sobre suas conquistas amorosas, com quantas tinham ficado na festa, e com quais delas tinham transado. Havia meio que uma competição entre eles de quem "pegava" mais mulher. Meus tios me tinham como um irmão caçula e gostavam bastante de mim, eu via neles exemplos de figura masculina na minha família, pois não convivi com o meu pai e meu avô materno já havia falecido.

Lá pelos meus 13, 14 anos, eu e meus amigos já começávamos a conversar sobre sexo e alguns deles, mais velhos, já com seus 15, 16 anos, se gabavam de já terem transado com algumas garotas. Quem não fosse mais virgem, quem já tinha transado ou estivesse transando começava a ser visto com admiração pelos amigos e ganhava status. Eu acho que era tudo papo furado e ninguém tinha transado com ninguém ainda, pois naquela época — meados da década de 1980 —, o que rolava mesmo para a maioria da garotada era a revista da Avon, que a molecada pegava escondido das mães que vendiam os produtos (na revista tinha a parte em que as modelos apareciam de calcinha e sutiã), ou a revista *Playboy* (que naquela época era um artigo de luxo, difícil de conseguir).

Já no final da minha adolescência e início da fase adulta, eu tive uma convivência maior com outras pessoas, fiz novas amizades. No decorrer do tempo vi que a grande maioria dos meus amigos também tinha o hábito de ficar se vangloriando das mulheres que pegavam, de quem pegava mais e assim adquiriam o status de pegador, de comedor, e eram vistos com admiração.

Nessa mesma época, em Porto Alegre, comecei a trabalhar na recepção de uma grande academia e rapidamente fui conhecendo e fazendo amizades com os professores e alunos. Na academia tinha aquele ambiente esportivo, mas também era um local onde existia bastante paquera, pois tinha uma pitada de sensualidade no ar. Alguns professores acabavam se envolvendo afetiva e sexualmente com algumas alunas (o que nos dias de hoje é inadmissível) e também havia os envolvimentos entre alguns alunos e alunas. No entanto, havia dois professores em especial que se destacavam no quesito paquera. Era impressionante para mim o grau de sedução que eles exerciam perante algumas mulheres. E o mais impressionante era que esses caras tinham namoradas, elas desconfiavam e até descobriam algumas "puladas de cerca" deles e mesmo assim continuavam o relacionamento.

Fiz amizade com eles e notei que havia uma competição entre eles de quem pegava as mais bonitas, independentemente se fosse dentro ou fora da academia. Na maioria das vezes obtinham êxito em suas abordagens e transavam com elas. Eu queria ser igual a eles e comecei a me espelhar neles.

Teve um dia em que eu e um desses dois professores estávamos caminhando pela Rua dos Andradas — que é uma rua comercial de bastante movimento no centro de Porto Alegre e restrita a pedestres. Essa rua se caracterizava por passarem muitas mulheres bonitas por lá; nesse dia, do outro lado da calçada, estava passando uma moça muito bonita e esse professor pediu para eu o esperar por um instante, pois iria falar com ela e já voltava. Foi ao encontro dela, ficaram conversando por uns minutos e em seguida retornou até onde eu o aguardava. Ele me mostrou um pedaço de papel com o número do telefone dela, eu perguntei a ele: "Bruno, como você conseguiu a atenção e o número do telefone dela?", e ele abriu um sorriso e falou: "É só ter autoconfiança e chegar".

Apesar de eu já estar na época com 18 anos e apresentar uma boa aparência física, já chamando a atenção de algumas moças, eu era inibido para paquerar e não tinha autoconfiança suficiente para chegar e xavecar. Por conta disso, aos 18 anos, fui a um prostíbulo e lá transei pela primeira vez na minha vida. O meu comportamento foi de boa, ou seja, não fiquei nervoso nem inibido, e por ser minha primeira vez até que tive um bom desempenho. Volta e meia, na companhia de alguns amigos ou sozinho mesmo, eu continuei frequentando algumas casas de programa. Com o tempo, fui superando essa inibição de paquerar e comecei a me envolver sexualmente com diversas mulheres que eu ia conhecendo na academia, nas baladas, enfim, mulheres que eu ia conhecendo no meu cotidiano. Assim, o sexo começou a ficar mais presente em minha vida e fui percebendo que o meu interesse nos relacionamentos afetivos era apenas sexual, pois eu fugia do compromisso de ter um relacionamento mais sério. Para mim, naquele momento, o que importava era a quantidade de mulheres que eu conseguia conquistar e isso era como se fossem troféus para mim e status perante outros homens.

Nesse decorrer de tempo eu já estava agindo praticamente igual às pessoas em quem me espelhava. Eu também conhecia pessoas que não agiam dessa maneira, mas, para falar a verdade, eu me identificava mais com o pessoal que gostava da "putaria".

Nesse período da minha vida até tentei namorar sério algumas vezes, mas eu não conseguia ser fiel e não conseguia dar prosseguimento aos namoros. Certa vez, tive uma namorada — que vou chamar de Cláudia —, chegamos a morar juntos por uns seis meses. Um dia, vasculhando o meu celular, ela encontrou uma mensagem de texto de uma moça me convidando para passar o final de semana com ela. Logicamente, Cláudia ficou muito brava comigo, mas não queria terminar o namoro e me obrigou a fazer um acordo com ela. Nesse acordo, todos os dias antes de sair de casa, eu tinha que transar com ela ou ela me masturbava; e quando eu chegava em casa à noite, tinha que fazer a mesma coisa, pois só assim ela achava que eu não teria gás para sair com outras garotas. Pouco tempo depois, terminei o relacionamento.

Outra coisa que me chamava a atenção eram os filmes, as séries e as novelas que colocavam a figura do "conquistador mulherengo" de uma maneira descontraída e bem-sucedida, e eu comecei a me espelhar também nesses personagens, por exemplo:

- o personagem "Jorge Tadeu", interpretado pelo ator Fábio Jr. na novela "Pedra Sobre Pedra";

- o personagem "Belo", interpretado pelo ator Mário Gomes, na novela "Perigosas Peruas";

- o personagem "Raí", interpretado pelo ator Marcello Novaes, na novela "Quatro por Quatro".

Também escutava comentários de alguns pais incentivando os filhos a "passar o rodo" na mulherada e se vangloriando do filho para os amigos dizendo que o filho dele era pegador. A conclusão que tive dessa rápida análise foi que meu objetivo em meus relacionamentos afetivos era apenas sexo e, atuando em filmes adultos, eu iria transar com várias mulheres gostosas, seria pago para isso e ainda teria a admiração de várias pessoas, pois era visto com bons olhos o cara que transava com várias mulheres.

Então decidi fazer filmes adultos. No mesmo dia em que tomei essa decisão, horas depois, estava andando em uma rua próxima ao centro de Porto Alegre e vi uma videolocadora imensa exclusiva apenas para locação de filmes pornôs. Resolvi entrar para conhecer o estabelecimento. Entrei na loja e avistei um rapaz atrás do balcão. Me apresentei e ele se apresentou como Juarez, sendo proprietário do estabelecimento. Por lá ser uma videolocadora exclusiva de filmes adultos, aproveitei a oportunidade e fui direto ao assunto. Perguntei se ele conhecia algum contato para me indicar, pois gostaria de ser ator pornô.

Juarez olhou para mim e disse: "Você está com sorte, pois semana que vem vai vir aqui na loja uma representante de uma grande produtora nacional para fazer uma seleção de candidatos para atriz e ator de filmes adultos". Disse também que até então só tinha uma pessoa ligada a algumas produtoras que selecionava somente garotas, mas que nunca antes tinha ocorrido uma entrevista para selecionar homens e que essa seria a primeira vez em Porto Alegre, já que as grandes produtoras se encontravam em São Paulo e Rio de Janeiro e geralmente o elenco masculino era feito com atores que moravam nessas cidades.

Em seguida chegou o Cláudio, que era o gerente da loja. Juarez me apresentou a ele, explicou o meu objetivo de me tornar ator pornô e pediu para já ir colhendo alguns dados pessoais, inclusive o tamanho do meu p.... Cláudio perguntou se eu tinha consciência que, quando eu estivesse gravando, haveria várias outras pessoas em volta, como cameraman, fotógrafo, iluminador, maquiador, diretor etc., eu respondi dizendo que não teria problema nenhum com isso. Então, tiraram algumas fotos minhas como pré-seleção e pediram para eu retornar à loja na próxima semana para a seleção principal.

Na semana seguinte, no dia e horário marcados, lá estava eu. Ao chegar ao local, vi duas filas na frente da loja, sendo uma formada apenas por mulheres e outra fila formada somente por homens. Para minha surpresa, tinha mais mulheres do que homens para essa seleção de candidatos a atrizes e atores pornôs.

Logo que cheguei o Juarez e o Cláudio vieram me recepcionar e avisar que quem iria realizar essa seleção seria uma mulher, que vou chamar de Simone. Me explicaram que ela era uma das atrizes principais do cast dessa grande produtora e que também estava ocupando essa função de selecionar candidatos a atriz e ator pornô. Na sequência, o Juarez pediu para todos nós entrarmos na loja e aguardar a chegada da Simone. Enquanto esperávamos, notei que as mulheres ficaram em um espaço do salão conversando entre elas mesmas e os homens conversando entre si. Não me lembro o número exato de pessoas que participaram dessa seleção, mas acredito que havia aproximadamente umas 15 mulheres e uns 10 homens.

De repente entrou na loja uma loira linda. Juarez foi ao encontro dela e a cumprimentou. Na sequência, apresentou ao grupo como sendo ela a Simone. Ela nos cumprimentou com um "boa noite", agradeceu por nossa presença, pediu para todos se aproximarem e começou a falar sobre a produtora. Ela explicou que era uma empresa consolidada no mercado de filmes adultos e que essa filmagem seria com o uso de preservativo. Falou sobre os valores dos cachês a serem pagos, sendo os seguintes: valores cachê masculino R$ 200,00 por cena e cachê feminino R$ 400,00 por cada cena feita. Geralmente o valor do cachê pago as atrizes era o dobro do valor pago aos atores. Para se ter uma ideia, em meados do ano 2000, o valor do salário mínimo era de aproximadamente 150 reais.

Simone seguiu explicando que, se as garotas fizessem apenas sexo vaginal, o valor seria esse, mas se também fizessem sexo anal o valor recebido por cena seria maior (pouco tempo depois, por exigência do mercado, todas as atrizes passaram a ter que fazer anal). Recomendou ainda que, quando os atores fossem gozar, no final da cena, que preferencialmente fosse o gozo facial, ou seja, que a ejaculação fosse no rosto da atriz. Ela também mencionou que a produtora, além de gravar filmes héteros, também tinha o setor de filmes gays e filmes com travestis, caso alguém também tivesse interesse em gravar esses outros gêneros.

Terminadas as explicações com os requisitos para a realização das filmagens, Simone pediu que as mulheres a acompanhassem a outra sala para ver o corpo delas sem roupa. Após uns 30 minutos, as mulheres saíram e ela chamou os homens. Ao contrário das mulheres, ela pediu que os homens entrassem na sala um por vez. Entrou o primeiro candidato, passaram-se alguns minutos e em seguida saiu. Logo entrou o segundo candidato e também ficou alguns minutos na sala e saiu. E assim foi indo sucessivamente. À medida que os candidatos saíam, eles se despediam do pessoal e em seguida iam embora, sem mencionar nada.

Então chegou a minha vez de entrar na sala, mas antes de entrar eu já tinha comigo a certeza que eu iria ser aprovado. Abri a porta, entrei e vi Simone sentada em uma cadeira no centro da sala. Pediu para eu fechar a porta e ficar de frente para ela. Estava sentada na cadeira com as pernas cruzadas segurando uma prancheta de anotações. Me olhou de maneira sensual e pediu para eu tirar a roupa, pois queria ver o meu p.... Tirei a roupa, fiquei nu em sua frente e ela pediu para eu ficar de p... duro. Então, pedi a ela se eu poderia me aproximar e sentir seu cheiro, o que ela concordou. Ela se levantou da cadeira e eu cheguei bem próximo a ela. Fui beijando e cheirando seu pescoço, senti seu perfume e sua respiração ficando ofegante e de imediato fiquei excitado. Ela então olhou, deu um sorriso maroto e disse que eu estava aprovado. Pediu para eu vestir a roupa e aguardar na loja, pois precisaria colher outros dados e também passar outras informações, pois na semana seguinte eu já iria viajar para o Rio de Janeiro para filmar três cenas.

Saí da sala e fui conversar com o Cláudio e com o Juarez, enquanto aguardava o término da seleção. Não demorou muito, Simone saiu da sala e foi conversar com o Juarez. Disse que o teste estava finalizado e chamou o pessoal que tinha sido aprovado. Entre os homens foram aprovados eu e mais um outro rapaz, que vou chamar de Rodrigo, e entre as mulheres foram selecionadas umas cinco ou seis. Simone, então, perguntou se além dos filmes héteros alguém do grupo também teria o interesse de filmar os outros gêneros — gays e travestis. Falei que o meu interesse seria apenas gravar filmes héteros. Depois de colhido o restante das informações necessárias, Simone nos informou que o Juarez iria entrar em contato no dia seguinte para nos avisar o dia e o horário da viagem. Terminada a reunião, ficamos na loja conversando por mais um tempo e me foi dito que, dos homens que participaram das entrevistas, apenas eu e o Rodrigo tínhamos tido ereção e que poucos homens conseguem transar em frente às câmeras.

Naquele momento, pensei comigo que o verdadeiro teste seria mesmo quando eu estivesse no set de gravação, com as câmeras ligadas. Naquela noite, fui para casa satisfeito por ter sido selecionado e pela viagem que estava prestes a acontecer. Nesse período eu estava trabalhando em um ginásio de esportes de um dos meus tios. Avisei a ele que eu iria fazer uma viagem e ficaria uns dias sem ir ao ginásio, mas não cheguei a comentar nada sobre o objetivo dela.

Chegou o dia da viagem e tínhamos combinado de nos encontrarmos no aeroporto por volta do meio-dia, pois o voo estava marcado para às 13 horas. Cheguei ao aeroporto um pouco antes do meio-dia e, em seguida, o pessoal também começou a chegar. Nessa viagem estava Simone com mais seis garotas e, de homens, apenas Rodrigo e eu. Embarcamos, voamos para o Rio de Janeiro, e quando chegamos já havia uma equipe de apoio nos aguardando. Em seguida, embarcamos em uma van contratada pela produtora e fomos até Teresópolis, na região serrana do Rio de Janeiro. Chegando em Teresópolis, a van em que estávamos entrou em uma mansão e, em seguida, veio ao nosso encontro o dono da produtora, que nos deu as boas-vindas e nos apresentou para todo o pessoal.

Lá estavam alguns atores e atrizes que já estavam gravando. Havia uns sete ou oito atores e umas seis atrizes. Apresentações feitas, fomos comer um lanche e ver as acomodações. Nesse meio- -tempo, um dos coordenadores da equipe de filmagem veio falar comigo para me comunicar que logo mais à noite iria ser realizada a próxima cena e que eu iria gravar com duas atrizes, no que respondi dizendo que sim e que já estava à disposição para filmar. Agora sim é que iria ser o meu verdadeiro teste. Como se diz por aí, já me "colocaram na fogueira" para ver como iria me sair. Pela manhã até o início da tarde estava em Porto Alegre e, no final da tarde, início da noite, já estava em Teresópolis prestes a gravar minha primeira cena. Eu estava bem tranquilo, à vontade, então tomei um banho e fiquei descansando, aguardando a hora da gravação.

Estava sentado em um sofá assistindo à televisão com algumas atrizes e alguns atores que também estavam na sala. Nisso, apareceu um dos integrantes da direção e me pediu para subir no andar de cima da casa, pois a cena iria começar em seguida e o diretor queria falar comigo. Subi as escadas para o andar superior e lá me apresentaram para o diretor-chefe da produção, com ele estavam também as duas atrizes que fariam a cena comigo. O diretor então passou o roteiro da cena para nós, pois além do sexo, a cena também tinha uma historinha. Dadas as instruções para a abertura da cena, ele pediu que fossem realizadas, além do sexo oral, quatro posições vaginais, duas posições com sexo anal e que a ejaculação fosse no rosto delas. E finalmente chegou o momento de gravar. No set de filmagem, estava toda a equipe, com dois cameramen, fotógrafo, iluminador, maquiador e mais o diretor.

Silêncio no set.

O diretor fala: "Ação! Gravando!".

Vou em direção às duas atrizes. Temos um breve diálogo de abertura de cena e, na sequência, começamos a nos beijar. Uma das atrizes abre o zíper da minha calça, inicia um belo de um oral em mim e logo a outra atriz também se junta a ela. nesse boquete. Na sequência, retribuo fazendo oral nelas. Conduzo a cena realizando as posições que nos foram pedidas. O meu foco era nas atrizes e nos cameramen, pois em cena, além de ter a relação sexual, é preciso também dar ângulo para as câmeras pegarem bem as imagens de penetração. Desenvolvi a cena numa boa, encaminhando as posições que precisavam ser feitas e interagindo com as atrizes de uma maneira bem profissional, com poucas paradas técnicas. Por fim, posso dizer que estava bem confiante, tranquilo e a cena foi concluída com sucesso.

Ao final da cena o diretor veio me parabenizar e me perguntou há quanto tempo eu já gravava, pois ele não me conhecia. Respondi que essa tinha sido a minha primeira cena e ele ficou surpreso, pois a minha desenvoltura tinha sido muito boa e por essa razão ele achou que eu já fosse um ator veterano no mercado. Naquela noite nascia o "Vitor Gaúcho", personagem que dei vida e interpretei por um período de nove anos — de 2000 a 2009.

No dia seguinte, as gravações começaram logo cedo pela manhã e o ator escalado para fazer a cena foi o Rodrigo — aquele rapaz que também tinha sido aprovado da seleção de Porto Alegre. Então, Rodrigo se direcionou até o local onde seria feita a gravação e que também contaria com duas atrizes. O restante do elenco que não estava gravando naquele momento ficava em outros setores da casa. Uns ficavam dormindo no quarto, outros ficavam assistindo à televisão, outros ficavam conversando, interagindo, e todos aguardando a sua vez de gravar. Horas depois, encontro o Rodrigo e vi que ele estava cabisbaixo. Perguntei por que estava daquele jeito e ele disse que não havia conseguido fazer a cena, pois tinha brochado. Nesse momento, se aproximaram algumas atrizes e começaram a conversar com ele, buscando dar uma força moral.

Mais tarde, um dos atores veteranos veio conversar comigo e disse que, quando eu e o Rodrigo chegamos à casa, os atores veteranos fizeram uma aposta se os novatos iriam brochar ou iriam conseguir fazer a cena. Ele disse que tinha apostado que eu iria conseguir fazer a cena e que Rodrigo brocharia. Perguntei por que ele tinha apostado dessa forma, ele respondeu que existe uma pressão psicológica e emocional em cima do ator e que ele notou em mim uma expressão tranquila enquanto a do Rodrigo estava tensa, por isso concluiu dizendo que quase todos os novatos que vinham gravar brochavam.

À noite fui chamado pelo diretor para fazer outra cena e iria filmar novamente com mais duas atrizes. Realizei a cena de modo seguro e tranquilo, pois me sentia familiarizado com aquele ambiente de gravação. Para mim não me incomodava o fato de uma câmera estar ligada e me filmar transando. Tinha até uma boa dose de exibicionismo da minha parte.

No dia seguinte, as gravações mais uma vez começaram cedo, e eu e alguns atores e atrizes que não iríamos gravar no período da manhã fomos ao centro da cidade passear e fazer compras. Algumas horas depois, quando retornamos à mansão, entrando na sala, encontramos o Rodrigo desolado e abatido pedindo ao pessoal da produção para ir embora. Fui falar com ele, perguntando o que tinha acontecido e, com lágrimas escorrendo nos olhos, chorando, ele disse que novamente não tinha conseguido fazer a cena, pois tinha brochado de novo. Procuramos consolá-lo e levantar sua moral, mas ele já estava decidido a ir embora. Então, o responsável pela equipe de produção pediu para o motorista levar o Rodrigo até o aeroporto e lá ele pegou um voo de volta para Porto Alegre. Lamentamos por um momento o ocorrido, mas veio a confirmar aquilo que aquele ator veterano havia dito para mim sobre a maioria dos homens não conseguir gravar por causa da pressão psicológica e emocional que sofrem por não poder brochar em cena.

Eu ainda tinha mais uma cena para fazer, que havia sido marcada para o dia seguinte no período da manhã, já que à tarde pegaria um voo de volta para Porto Alegre. No dia seguinte acordei, tomei meu banho, arrumei minha mala, fui tomar o café da manhã e aguardar a hora da cena. Não demorou muito e me chamaram. Era uma cena externa, perto da piscina, com uma bela morena com curvas de chamar a atenção por onde passasse. Como de costume, o diretor deu algumas instruções das posições que pretendia filmar. Em seguida, iniciamos a cena comigo indo ao encontro dela, falando um texto de abertura. Na sequência, algumas carícias, beijos e sexo oral de ambos. Após uns 10 ou 15 minutos de sexo oral fomos fazer a primeira posição e, ao penetrar nela, quase já gozei na entrada de tão quente e molhada que ela estava e fui me segurando para não gozar, mas não resisti e gozei antes mesmo de concluir a primeira posição. O diretor perguntou se eu precisaria de um tempo para dar continuidade à cena e respondi que sim, que ia precisar, e fui para a cozinha para beber um café, enquanto a equipe de filmagem aguardava eu me restabelecer. Mas não podia demorar muito, pois além da minha cena, também havia outras cenas a serem gravadas naquele dia com outros atores e atrizes e não podia atrasar muito para não atrapalhar o cronograma. Havia também o fato de que eu tinha que estar logo mais à tarde no aeroporto para pegar o voo de volta para Porto Alegre, então havia essa pressão para me recuperar logo.

Estava na cozinha terminando de beber o café quando a atriz com que eu estava gravando — que vou chamar de Gal — entrou na cozinha e, sorrindo, me perguntou se eu ia dar conta de continuar a cena. Veio até mim e me olhou com desejo. Acariciou meu rosto e falou que estava com muito tesão. Então, abaixou o meu short e começou a chupar meu p.... Minha reação foi imediata e ela então me pegou pela mão e voltamos ao local onde estávamos gravando. A equipe deu uma zoada por eu ter gozado antes e logo recomeçamos a cena, dando sequência à primeira posição e sucessivamente às outras posições. Gozei novamente, mas agora no momento certo, na conclusão da cena. Após a gravação, fui agradecer a ela pela atitude que teve comigo, em ter ido até a cozinha e ter me excitado para darmos sequência à cena, pois ela não tinha essa obrigação e fez para me dar uma força.

Após o almoço, me despedi do pessoal e o motorista me levou até o Aeroporto Santos Dumont, no centro do Rio de Janeiro, onde peguei o meu voo. Por um período de um ano e meio a dois anos fui fazendo algumas cenas esporádicas, quando eventualmente uma produtora ou outra vinha filmar no Sul do Brasil. Nesse caso, me chamavam para compor o elenco e também em algumas ocasiões me chamavam para gravar no Rio de Janeiro ou São Paulo. Durante esse período, fiz de 12 a 15 cenas.

Certo dia, fui visitar o Juarez e o Cláudio na videolocadora. No decorrer da conversa Juarez me perguntou qual era o meu objetivo em relação à minha atuação profissional como ator pornô, respondi que gostaria de dar continuidade. Juarez então me aconselhou dizendo que, se realmente eu quisesse dar sequência nessa profissão, eu teria que me mudar para São Paulo, pois lá eu teria condições de trabalhar para várias produtoras, se eu continuasse morando em Porto Alegre seria difícil decolar nessa profissão. Naquele momento tomei a decisão de me mudar para São Paulo.

No dia seguinte fui conversar com alguns dos meus tios e comuniquei a eles da minha decisão de ir morar em São Paulo. Falei que iria trabalhar na indústria de filmes adultos como ator pornô e que inclusive eu já havia feito alguns filmes. A reação dos meus tios foi de surpresa, pois conversávamos sobre sexo, tínhamos uma relação bem aberta sobre esse tema e eu não tinha comunicado a eles que eu estava fazendo filmes. Disse que até então não tinha conversado com ninguém da minha família sobre os filmes porque não queria que minha avó soubesse que eu estava filmando pornô. Minha avó era religiosa e eu não queria vê-la chateada, pois ela me considerava como um filho, já que eu tinha pouco contato com minha mãe e praticamente havia sido criado por ela, junto dos meus tios como sendo o irmão caçula deles.

No final das contas, resolvemos falar com minha avó sobre o assunto, pois seria melhor ela saber por mim mesmo do que por outras pessoas. Então, fomos conversar com ela e expliquei que estava indo morar em São Paulo e com o que eu iria trabalhar. Após ter dado a notícia ela ficou por alguns segundos em silêncio e, em seguida, disse que ela gostaria que eu trabalhasse em outra profissão, não com isso, e que continuasse morando em Porto Alegre. Mas também disse que a vida era minha e se era da minha vontade me mudar para São Paulo e trabalhar nessa área — e que não viesse a prejudicar ninguém — era então para eu seguir com minha vida. Concluiu dizendo que o que ela mais queria era me ver feliz. Fiquei surpreso com a reação e a resposta da minha avó, pois, mesmo ela tendo outra opinião sobre o assunto, soube respeitar minha vontade. E eu estava determinado a realizar esse objetivo de me mudar para São Paulo.

Em um período de aproximadamente 30 dias após a conversa que tive com o Juarez, lá estava eu viajando em definitivo para

São Paulo. Comprei apenas a passagem de ida, pois em minha mente eu tinha a certeza e a confiança de que eu me tornaria um ator de relevante prestígio no meio da indústria de filmes adultos. Então, saí da estação rodoviária de Porto Alegre levando comigo uma mochila com algumas roupas e 400 reais na carteira, além de alguns contatos de atores e atrizes que eu tinha conhecido em algumas gravações anteriores e que já estavam morando por lá.

Chegando na estação rodoviária de São Paulo, me encontrei com uma atriz que vou chamar de Gabriela, que já estava me aguardando. Gabriela morava em São Paulo e conseguiu para mim uma estadia para ficar alguns dias na casa de outro ator amigo dela. Fui para São Paulo com a cara e a coragem, pois não tinha arrumado lugar ainda para morar e fui acolhido nessa residência, mas com o compromisso de sair em uma semana. Então, comecei a luta para conseguir o meu espaço na indústria de filmes adultos e recebi ajuda por parte de alguns atores e atrizes que me apresentaram a diretores e produtores. Na época, eu também estava com um porte físico excelente, o que me ajudou bastante a ser aceito pelos diretores e produtores.

Já estava se esgotando o prazo para eu ter que sair da casa onde eu estava ficando e naquela semana não estava tendo gravação com o pessoal que eu tinha sido apresentado. Eu estava com pouco dinheiro para alugar um apartamento, mas, faltando um dia para eu ter que sair da casa, Gabriela e outra amiga foram conversar comigo. Essa amiga era também uma atriz que eu tinha conhecido em uma gravação em Búzios alguns meses antes e, por também ser gaúcha, logo fizemos amizade. Me fizeram um convite para morar com elas, pois estavam alugando um flat no bairro de Moema. Logicamente aceitei o convite, pois assim dividiríamos o aluguel em três pessoas, o que tornaria a despesa bem menor.

No dia seguinte já estávamos morando nesse flat e o dinheiro que tinha naquele momento foi quase que todo usado para pagar minha parte no aluguel. Tinha me restado alguns poucos reais na carteira, o que daria para me alimentar por poucos dias. Na mesma semana, uma produtora, por meio de um dos seus diretores, me propôs um contrato de exclusividade com eles e a partir daí começou a entrar dinheiro. Fiquei gravando com eles exclusivamente por uns seis meses. Após esse tempo, percebi que seria mais vantajoso financeiramente estar livre de contratos de exclusividade e filmar para todas as produtoras nacionais e também para as produtoras americanas e europeias que vinham gravar no Brasil. E assim se sucedeu. Continuei gravando algumas cenas para essa produtora que havia tido um contrato e também comecei a filmar para outras produtoras nacionais e estrangeiras. Naquele mesmo ano, as garotas que estavam morando comigo foram morar em outro bairro e eu preferi continuar morando no mesmo lugar, assumindo o apartamento, onde continuei por mais alguns anos.

Quando eu assistia aos filmes adultos, me imaginando nos filmes transando com as atrizes, sem me dar conta, eu estava exercendo a Lei da Atração, pois por meio da minha mente imaginativa eu ficava fantasiando sendo apresentado para atrizes e produtoras e me via sendo um ator prestigiado e conhecido no meio pornô. Por essa minha vontade de fazer filmes adultos, eu fui atraindo e também sendo atraído por circunstâncias com pessoas e lugares que também estavam nessa frequência vibratória para que eu pudesse vivenciar essa experiência de ser um ator pornô. O universo estava atendendo ao meu desejo, abrindo portas para eu ter essa experiência em minha vida. Mas é importante termos consciência do que desejamos, pois, de acordo com o que desejamos, as consequências dessa experiência podem ser benéficas ou maléficas, doces ou amargas.

Além da minha compulsividade por sexo, eu não tinha autoconfiança para me envolver em um relacionamento amoroso, pois eu tinha medo de encarar as responsabilidades e os desafios de um relacionamento afetivo. Para mim era muito mais cômodo me envolver apenas sexualmente e, depois de sair com a garota por algumas poucas vezes, eu já "pulava fora". Era como se fosse uma autodefesa, então o sexo era minha fuga e fazer filmes adultos foi convidativo.

CAPÍTULO II

HISTÓRIAS CURIOSAS

Cenas sem preservativos

Quando comecei a gravar filmes, no início da primeira década dos anos 2000, todas as produtoras nacionais gravavam somente com o uso de preservativos, enquanto que praticamente todas as produtoras internacionais que vinham filmar no Brasil faziam seus filmes sem o uso de nenhuma proteção. Posso dizer que a maioria dos atores e atrizes gravava sem preservativo, pois o valor do cachê dobrava, e algumas vezes chegava a triplicar, dependendo da produtora.

Para serem realizados os filmes sem o uso de preservativos, as produtoras selecionavam os atores e as atrizes uma semana antes da realização das gravações, em um dia marcado, todo o elenco selecionado tinha que fazer o exame de HIV, além de aguardar de cinco a seis dias para sair o resultado dos exames. Fazíamos uma espécie de pacto de confiança entre nós em que nos comprometíamos a não transar com ninguém sem preservativo durante aqueles dias de espera pelo resultado dos exames, pois saindo o resultado no dia seguinte já iniciavam as filmagens. Mas, com o passar do tempo, com os exames mais modernos de terceira e quarta geração, os resultados começaram a ficar prontos em 24 horas.

Quando o resultado ficava pronto, tínhamos que retornar ao laboratório pessoalmente para podermos retirar o exame. Lembro que quando fiz meu primeiro exame de HIV para participar de uma filmagem sem preservativo, abri meu exame com as pernas tremendo e só fui relaxar quando vi o resultado do exame dado como negativo. Pelos relatos que eu ouvia de outros atores e atrizes, a reação ao abrirem seus exames foi parecida com a minha.

Confesso a vocês que nos primeiros exames que fiz ficava um pouco tenso para saber o resultado, mas com o passar do tempo já estava adaptado com essa rotina de exames. Também nos informaram que, quando o exame apontava positivo, a pessoa era chamada ao laboratório para fazer um novo exame de confirmação e a notícia era dada para a pessoa com o auxílio de um psicólogo do próprio laboratório.

Teve ocasião de estarem gravando no Brasil de duas a três produtoras internacionais simultaneamente e, independentemente do fato de eu ter feito o exame para uma produtora, caso eu também fosse selecionado para gravar com a outra, se o filme era sem preservativo, eu tinha que fazer outro exame. Então, teve mês em que eu cheguei a fazer de dois a três exames.

Com o passar do tempo algumas produtoras nacionais também começaram a filmar sem preservativos, pois a demanda e o consumo dos filmes com essa característica eram muito maiores no mercado pornô nacional. Também aumentava a possibilidade de conseguir vender os direitos de imagens para outras produtoras fora do mercado brasileiro, pois as produtoras nacionais não conseguiam vender filmes com preservativos para o mercado estrangeiro. As indústrias de filme pornô dos Estados Unidos e da Europa anualmente organizavam as principais feiras eróticas do mundo e, nessas feiras, produtoras de vários países comercializavam seus produtos, com compra e venda dos direitos de imagens de filmes. Nessas feiras, os filmes comercializados eram praticamente sem preservativos, enquanto filmes com os preservativos encontravam um mercado cada vez menor, principalmente nesses países. Então as filmagens sem preservativos começaram a ser realizadas com mais frequência e a validade do exame era de 30 dias.

O grande susto

Em certa manhã recebi uma ligação de um dos laboratórios que costumávamos fazer os exames de HIV e pediram para eu ir refazer com urgência o meu exame e que precisava estar no laboratório antes do meio-dia. Após o telefonema fiquei sentado no sofá por alguns minutos pensando que meu exame poderia ter dado como positivo, pois já filmava há alguns anos e até então nunca tinham me chamado para refazer o mesmo exame.

Nessa época eu morava no bairro de Moema, na cidade de São Paulo, e o laboratório ficava alguns quarteirões próximos de onde morava. Olhei para o relógio e já eram quase 10 horas da manhã. Então, fui caminhando. Durante o percurso, fui pensando nas consequências caso o exame tivesse testado positivo. Após uns 20 minutos de caminhada cheguei ao laboratório e lá me dirigi à recepção. Me identifiquei e comentei o ocorrido, sendo orientado para aguardar alguns minutos, pois a pessoa responsável pelos exames de HIV viria conversar comigo.

Não se passaram cinco minutos e me encaminharam para uma das salas do laboratório. Entrando, encontrei uma senhora de jaleco branco que se identificou como a responsável técnica do setor de exames e disse que eu teria que refazer o meu exame de HIV, pois houve um erro por parte do laboratório na identificação das pessoas que fizeram o exame, mas que podia ficar tranquilo que nenhum dos exames tinha apontado HIV positivo.

Já mais tranquilo em saber que não tinha ocorrido nada grave em relação aos exames, estava saindo do laboratório e chegou outro ator. Quando me avistou, veio rapidamente ao meu encontro já dizendo que estava superpreocupado, pois o laboratório também tinha ligado para ele vir refazer o exame. Eu disse para ele se tranquilizar e expliquei o que tinha acontecido. A partir desse momento, começaram a chegar outros atores e atrizes com a mesma expressão de preocupação. Mas, em seguida, sabendo do motivo de estarem refazendo o exame, todos se tranquilizaram.

Alertado pela intuição

Conheci uma vez uma atriz que vou chamar aqui por Marlene. Ela era uma jovem atriz entre 18 e 19 anos de idade que tinha ingressado na indústria de filmes adultos há pouco tempo, eu a havia conhecido em uma gravação que ocorreu em um sítio em Mairiporã, interior de São Paulo. Tinha sido escalado para fazer uma cena com ela naquele dia e a cena foi realizada com o preservativo.

Alguns dias depois, em certa madrugada, acordo com o meu celular chamando e vejo que é a Marlene quem estava ligando. Atendi a ligação e ela foi direto ao ponto, dizendo que estava em uma balada e que estava com muito tesão e vontade de transar comigo. Pediu meu endereço, pois estava pegando um táxi para ir até minha casa. Fiquei surpreso com a atitude dela, pois não tinha muita intimidade, mas passei meu endereço. Pouco tempo depois toca o interfone e o porteiro avisa a chegada da Marlene. Autorizei sua entrada, em seguida tocou a campainha. Abri a porta, ela entrou, me deu um beijo e logo percebi que estava levemente alcoolizada. Mas de boa, nada exagerado. Após um breve bate-papo, ela pulou em meus braços e pediu para eu transar com ela, dizendo que estava com muito tesão. Então, a levei para a minha cama e, entre beijos e preliminares, ela sentou em meu p..., pedindo para penetrá-la.

Naquele mesmo instante, escutei uma voz dentro de mim dizendo para não transar com ela sem camisinha. Imediatamente impedi que ela seguisse e falei que iria pegar o preservativo, mas ela continuou insistindo para eu penetrá-la, pegando o meu p... com a mão e tentando enfiar nela. Então, com um tom de voz mais firme, falei que não iria transar com ela sem proteção e ela me respondeu dizendo para eu ficar tranquilo, pois há algumas semanas ela tinha feito cenas sem preservativo e que o exame dela estava ok. Mas eu continuei a insistir em colocar a camisinha, e então, repentinamente, ela mudou de humor e disse que, caso eu não transasse com ela sem preservativo, naquele mesmo momento ela iria embora. Então, levantei da cama, abri a porta do quarto e disse para ela ir embora, caso ela quisesse, pois não iria transar com ela sem camisinha. Meio que contrariada, ela concordou em transar com preservativo. Após terminarmos, ela vestiu-se e foi embora e eu notei que ela ficou um pouco ressentida por eu ter me negado a transar com ela sem preservativo.

ENTRE A LUZ E A SOMBRA

Confesso a vocês que não tinha toda essa disciplina em transar sempre com proteção. Várias vezes eu também transei sem preservativo com quem me envolvia no particular. Mas a voz que escutei dentro de mim avisando para eu não transar com ela sem preservativo foi algo tão forte que senti e não tive nenhuma dúvida em obedecer a essa voz interior que, com toda a certeza, foi a minha intuição me alertando e orientando. Pouco tempo depois desse ocorrido, cerca de cinco ou seis semanas, surgiu a notícia que Marlene estava com HIV, pois teve que fazer um outro exame para outra produção que ocorreria sem preservativo. Nesse exame constou HIV e os atores que tinham feito cenas com a Marlene sem proteção nos meses anteriores, além de também terem que fazer novos exames, tiveram que ficar por um período afastados das gravações, como uma espécie de quarentena. Os resultados dos exames desses atores deram negativo e logo estavam novamente gravando sem preservativo.

Marlene, obviamente, saiu do mercado pornô. As informações que tive sobre ela naquela época, por meio de outras atrizes, era de que já estava iniciando o tratamento com medicamentos, que estava abalada com a situação ocorrida e tinha voltado para a casa de seus pais. Cerca de dois anos depois, encontrei Marlene em uma balada e ela estava acompanhada de um rapaz que parecia ser seu namorado. Depois disso, nunca mais a vi.

Confiabilidade nos exames

Os exames de HIV feitos em laboratórios têm a confiabilidade de 99,8%, e isso dava confiança em gravar cenas sem preservativo. O que gerava um pouco de receio era o fato de existir uma janela imunológica em que o vírus poderia ficar incubado e não aparecer no exame. Mas pesquisas e estudos feitos por associações médicas ao redor do mundo mostram que, mesmo o vírus estando embutido na janela imunológica e não ser detectado pelo exame, as chances de transmissão nesse período são praticamente nulas, pois a carga viral é muito baixa. A carga viral indica a quantidade de vírus circulando no sangue da pessoa. Com essa quantidade tão baixa, não é detectado no exame e, de acordo com esses estudos médicos, o poder de transmissão fica praticamente anulado. Os exames laboratoriais de terceira e quarta geração são tão sensíveis em detectar o vírus que conseguem descobrir a presença dele com 20 ou 30 dias contando a partir do momento da contaminação, mesmo com os níveis superbaixos de carga viral. Por esse motivo são realizados a cada 30 dias.

Nesse período em que gravei, entre os anos 2000 e 2009, fiquei sabendo de quatro casos confirmados de HIV na indústria pornô nacional. Esses quatro casos foram detectados em atrizes e nenhum caso confirmado entre os atores. Presume-se que, provavelmente, essas quatro atrizes foram infectadas com o vírus em suas vidas afetivas particulares, fora do circuito de gravações, pois caso tivessem se infectado durante os filmes, com certeza também apareceriam os atores infectados pelo vírus HIV.

Nessa época, por eu fazer exames regularmente, sabia que não estava infectado, mas quando transava sem preservativo com outras mulheres fora do circuito de gravação e que não tinham exames, acabava me expondo e me arriscando a contrair o vírus caso alguma delas fosse portadora. Portanto, minha dica é: USE PRESERVATIVO! Pois além de proteger contra o vírus HIV e de outras doenças sexualmente transmissíveis, também evita o risco da gravidez inesperada. Caso esteja namorando alguém, e com o consenso de ambos em transar sem preservativo, sugiro que ambos façam o exame de HIV e também outros exames que possam detectar outras infecções sexualmente transmissíveis — além de ter consciência de seus atos —, e caso ocorra uma situação extraconjugal, use preservativo. Além de proteger a si próprio também não correrá o risco de transmitir alguma doença para a sua companheira ou companheiro. Atenção: não estou estimulando ninguém a ter casos extraconjugais, mas caso aconteça essa situação use preservativo, pois o mundo está cheio de exemplos de pessoas casadas ou namorando que contraíram o vírus HIV ou outras infecções sexualmente transmissíveis pelos seus cônjuges.

Não façamos aos outros o que não gostaríamos que fizessem a nós, então vamos nos cuidar e sermos conscientes em nossas atitudes.

Favor inusitado

Era o final de tarde de uma sexta-feira e eu estava caminhando pela calçada, já quase chegando em casa, quando encontrei uma atriz que eu já não via há bastante tempo. Ela veio em minha direção, me deu um beijo, um abraço e disse que havia sido uma grande sorte ela ter me encontrado, pois precisava muito que eu fizesse um favor a ela. Eu perguntei como eu poderia auxiliar, pensando que talvez ela fosse pedir um dinheiro emprestado ou algo assim.

Porém, ela começou a explicar que fazia alguns meses que ela não filmava, tendo em vista que estava se dedicando a outro projeto, mas que no dia seguinte iria fazer uma cena no período da manhã e estava preocupada, pois seria uma cena só com sexo anal e fazia tempo que ela não praticava essa modalidade. Me perguntou, então, se eu poderia fazer um favor e comer o c... dela, pra dar uma certa laceada no local. Assim, conseguiria ir para a cena mais tranquila e preparada.

Prestativo que sou, atendi seu pedido, prestando tal favor, e o mais inusitado é que fizemos um tipo de "introdução técnica", mecânica (sem demonstrar emoção alguma no ato). Após uns dez minutos, ela disse que já estava sentindo-se confortável e satisfatoriamente laceada. Colocou a roupa, me deu um abraço e agradeceu: "Você me fez um favorzão!"

E foi embora.

Cadê meu viagra???

Estávamos gravando em Ubatuba, litoral de São Paulo. Quando íamos gravar no litoral geralmente fazíamos cenas ao ar livre para assim aproveitar as belezas geográficas das praias brasileiras. Então, fazíamos muitas cenas em convés de barcos, praias e ilhas mais isoladas que não tinham tanto acesso das pessoas. Mas teve um dia em que o pessoal resolveu gravar em uma praia de fácil acesso ao público e foi resolvido gravar no final da extensão da praia onde havia um rochedo de razoável tamanho.

O pessoal da produção começou a montar os equipamentos no local para em seguida começarmos a cena. Para essa cena foram escalados eu, meu amigo Carlão Bazuca e duas atrizes, pois essa cena seria feita com dois casais contracenando próximos um do outro. Começaram então com as sessões de fotos individuais das atrizes nuas e, nesse meio tempo, eu e o Carlão Bazuca estávamos sentados na pedra olhando a sessão de fotos das atrizes com quem iríamos contracenar. Nisso, percebemos várias pessoas se aproximando do local onde seria realizada a cena. Até aí tranquilo, pois já havia acontecido algumas vezes de estarmos gravando e pessoas que não faziam parte da produção assistirem à cena.

O diretor chegou para mim e para o Carlão Bazuca avisando que a cena iria começar em 20 minutos. Então, quando fui pegar o meu viagra para tomar: cadê o viagra!? Eu tinha colocado o comprimido na lateral da sunga e não estava mais lá, ou seja, havia perdido. Comentei com o Carlão e perguntei se ele tinha um viagra sobrando, mas ele respondeu que só tinha um único que o diretor tinha dado para ele. Então fui até o diretor, expliquei a situação e recebi como resposta que ninguém da equipe tinha trazido mais viagra para o local, pois tinha sido dado antes de sairmos do hotel, então teria que fazer a cena sem o uso do comprimido.

Eu já estava na indústria de filmes pornôs há alguns anos e, nas minhas primeiras cenas, eu não usava nenhum tipo de medicamento para ajudar na ereção, mas pouco tempo depois de ter começado a filmar, havia iniciado o uso desse recurso e já não me atrevia a entrar em cena sem tomar viagra ou outros similares. Mas naquela situação, em cima da hora, não tive como sair. Eu tinha então que encarar aquela cena sem o auxílio do viagra. E para colocar ainda mais pressão, enchia cada vez mais o local com pessoas curiosas para saber o que estava acontecendo. Percebendo que se tratava de uma gravação pornô, ai sim que as pessoas ficavam para assistir e lá elas se acomodavam sentando nas pedras ou em pé: estava parecendo arquibancada, pois tinham dezenas de pessoas assistindo a alguns 10 ou 20 metros de distância do local de onde estávamos gravando.

Então começou a cena com as atrizes fazendo oral em mim e no Carlão Bazuca. Olho para o lado e vejo o Carlão com a bazuca dele já bem armada e eu naquela situação embaraçosa de p... mole, com atriz fazendo oral em mim e nada do meu p... ficar duro e eu olhava para aquela multidão assistindo e não estava conseguindo me concentrar na cena, pois a minha cabeça estava pensando no viagra. Enquanto isso, o Carlão e a parceira dele estavam já iniciando a primeira posição com penetração e eu naquela situação, passando vergonha. Eis então que o diretor pediu para parar a cena para retocar a maquiagem das atrizes e para bebermos água. Nesse momento chegou perto de mim um dos atores que também estava nessa produção e que iria fazer a próxima cena. Ele me entregou um comprimido e disse que era um estimulante sexual, mais forte que o viagra, e que um amigo dele havia trazido da Europa um frasco para ele usar.

Tomei o comprimido e uns minutos depois o diretor reiniciou a gravação com uma das atrizes fazendo oral em mim, na hora já consegui obter uma boa ereção. Fiquei "valente" e fizemos uma boa cena. Ao final, passei por entre a multidão de cabeça erguida.

Depois da cena fui conversar com o ator que me deu o comprimido para agradecê-lo e ele, dando uma bela gargalhada, me disse que aquele comprimido era um multivitamínico que ele comprou em uma loja de suplementos. Ou seja, organicamente estava bem, mas o meu psicológico estava refém dos estimulantes sexuais.

Quando comecei a gravar no início dos anos 2000, durante os primeiros meses, eu não usei viagra ou qualquer outro medicamento similar, pois na minha cabeça eu achava que ator que se prestasse não necessitava tomar viagra e os atores que tomavam "escondiam o jogo", dizendo que não tomavam nada, já que ainda havia um tabu sobre o uso desse tipo de medicamento, mesmo no meio da indústria pornô. Os atores que usavam tinham vergonha que as atrizes soubessem que eles só conseguiriam gravar usando o viagra e também servia para eles terem vantagem perante os outros atores, pois é como se fosse "um carro de corrida envenenado", como se diz por aí.

Meu primeiro viagra

Meu primeiro viagra foi quando eu estava participando de uma gravação em que o diretor também era ator, mas estava começando a fazer suas próprias produções e vender as cenas para produtoras maiores. Eu estava aguardando o início da cena e nisso o diretor e ator que estava produzindo aquele filme veio falar comigo e me deu um comprimido de viagra para eu tomar. Eu disse a ele que nunca tinha usado aquilo e que não precisava usar para fazer a cena. Então, o diretor me pediu para eu tomar pelo menos um pedaço do comprimido, que, no caso, foi metade, e explicou que ele usava para garantir a cena, pois o viagra ajudaria a manter bem a ereção durante a gravação. Aceitei, tomei a metade do comprimido e 20 minutos depois a cena começou.

Eu não tinha queixas sobre a minha ereção, mas senti um *up* a mais, uma facilidade ainda maior para desenvolver a cena, pois algumas posições, além de exigir força e resistência físicas, são feitas em locais desconfortáveis e também precisa oferecer um bom ângulo para as câmeras, para ficar bem visível a penetração. O tempo médio de gravação variava de uma hora e meia a duas horas, e percebi que o viagra ajudava a manter por mais tempo a firmeza da ereção durante a cena.

Pouco tempo depois todas as produtoras estavam fornecendo viagra para os atores entrarem em cena, deixando de ser um tabu e admitindo o uso desse recurso. Inclusive colocamos até um apelido carinhoso, chamando-o de "smurf". E já chegávamos nas gravações perguntando para o diretor se ele estava com os smurfs. Ninguém mais se atrevia a entrar em cena sem viagra ou outro similar, até porque a exigência da performance dos atores estava aumentando, pois as cenas também estavam ficando com uma pegada mais forte.

Pressão extra

Chegando ao estúdio, logo percebi o número grande de pessoas que lá estavam. Além da equipe de filmagem, também estava presente um grupo de pessoas que eu não conhecia. O diretor veio conversar comigo dizendo que na minha cena eu iria interpretar um militar. Pediu para eu experimentar o uniforme para ver se servia e comentou que a cena iria ser assistida por pessoas da imprensa. Fazia parte desse grupo o Jornal do Brasil (RJ), que faria uma matéria sobre a produtora. Também estavam presentes alguns blogueiros, além de um famoso apresentador da Band TV, que apresentava um programa de entretenimento, e que já estaria chegando para fazer uma matéria.

Pensei comigo que, além da pressão normal da cena, seria adicionada uma pressão extra, pois, caso eu broxasse ou fizesse uma cena meia bomba, teria o risco de alguém fazer uma matéria com o seguinte título: "Ator broxa em cena!" Minha sorte é que eu estava em um "dia de glória".

"Dia de Glória" é uma expressão (uma gíria) que nós atores usávamos de maneira bem-humorada para dizer quando conseguíamos fazer uma cena muito boa, em que dava tudo certo, conciliando o ator com tesão na atriz, a atriz com vontade de fazer a cena com o ator, gravando para um diretor que te passa confiança e o ator sentindo-se autoconfiante, sem estar encucado com nada e tendo boa ereção do início até o final da cena, sem dar nenhuma bambeada.

E um fato curioso dessa cena é que, no decorrer da gravação, eu estava tão concentrado nela que eu focava apenas na atriz e no que o diretor pedia, parecendo que não havia outras pessoas no estúdio. Somente quando finalizamos é que eu vi a quantidade de pessoas que estavam assistindo. A sensação que tive era de estar voltando de um semitranse. Nisso, um dos câmeras veio me parabenizar dizendo que tinha sido uma ótima cena, assim como um outro ator, que também estava assistindo, que brincou comigo, dizendo: "Dia de Glória, hein!?", pois não era sempre que fazíamos uma cena tão boa e sem nenhum perrengue.

Perdendo "o selinho"

Ainda era cedo de manhã e recém havia acordado. Atendo uma ligação de um diretor me perguntando se eu poderia fazer uma cena para ele logo depois do meio-dia, no início da tarde, respondi que sim. Geralmente, quando éramos escalados para filmar, nos avisavam pelo menos com uns dias de antecedência para saber se estaríamos disponíveis para gravar, mas uma vez ou outra acontecia de avisar meio que em cima da hora.

Cheguei ao local da gravação no horário combinado e lá já estava o diretor com a equipe de filmagem, mas a atriz ainda não havia chegado. Enquanto aguardávamos sua chegada, o diretor disse que eu iria fazer uma cena especial, pois a garota com quem eu iria filmar era uma pseudossobrinha de uma cantora famosa. Nesse filme, iria ter uma jogada de marketing dizendo que ela perdeu a virgindade gravando um filme adulto e pediu que, durante a gravação, teríamos que fingir que realmente ela estava perdendo a virgindade. Teria que ser o mais realista possível, inclusive usando um pouco de sangue artificial para mostrar que ela estava mesmo perdendo o "selinho" durante a cena.

ENTRE A LUZ E A SOMBRA

Fui tomar um banho para já ficar pronto para a cena. Em seguida, a garota com quem eu iria gravar chegou e eu fui apresentado a ela. A garota já sabia sobre a encenação que iria ser feita de ela perdendo a virgindade, pois era uma jogada de marketing que também serviria para outro projeto profissional dela como cantora de funk. A proposta era causar polêmica para ter a atenção da mídia.

Ela foi se arrumar e em seguida começamos a gravar. Teve um breve diálogo com uma historinha sobre a virgindade dela e, na sequência, fiz bastante sexo oral nela e ela fez em mim também. No momento da penetração foi aquela presepada, fingindo que ela estava perdendo a virgindade. Nesse momento, o diretor deu uma pausa na cena para pegar o sangue artificial e ela colocou um pouco dentro de sua vagina. Então, demos sequência à cena mostrando o momento da penetração, e o sangue falso escorrendo levemente, dando a entender que naquele momento ela tinha perdido a virgindade. Continuamos com a gravação, variando algumas posições e finalizando logo depois.

Alguns dias depois, começou a divulgação do filme pela produtora e ela concedeu algumas entrevistas na mídia — blogs, revistas e jornais. Esse filme teve bastante repercussão e foi visto na época por muitas pessoas. Alguns homens me abordavam para perguntar se era verdade mesmo que ela tinha perdido a virgindade durante a cena e, em algumas ocasiões, para sacanear a pessoa, eu dizia que sim. Eles acreditavam, mas em seguida eu desmentia e falava a real. O que eu achava engraçado era a expressão de desapontamento que alguns faziam. Teve uma vez, em uma dessas abordagens, em que a pessoa já veio me perguntando se tinha sido fácil "tirar o cabaço da moça", eu respondi que foi só uma encenação e que ela não era virgem. Essa pessoa, meio que não querendo acreditar no que tinha ouvido, me questionou se eu tinha certeza, pois ele havia visto um pouco de sangue escorrendo durante a penetração e eu respondi que era sangue artificial. Ele não escondeu a frustração e disse que achava que ela tinha perdido mesmo a virgindade naquela cena.

Alguns homens alimentavam esse fetiche, essa ilusão, achando que ela realmente tinha perdido a virgindade fazendo filme pornô. Não duvido que possa ter, ainda hoje, um ou outro que acredite que ela perdeu mesmo a virgindade naquela cena.

Pombagira ajudou Aninha?

Certa vez, estava gravando com uma atriz, que eu vou chamar aqui por Aninha. No decorrer da cena, estava indo tudo bem, até que chegou o momento do sexo anal e Aninha travou. Não estava conseguindo fazer o anal. Começava, fazia um pouquinho e pedia para parar. E assim se repetiram algumas tentativas. Então, ela pediu para dar um tempo, pois iria precisar da ajuda de uma amiga dela e pediu uma bebida doce. O diretor perguntou: "Que amiga?", e ela respondeu que iria chamar a Pombagira dela.

Durante o intervalo ela bebeu uma dose da bebida que havia pedido e alguns minutos depois ficou posicionada de quatro em minha frente dizendo repetidas vezes: "Entra em mim, entra em mim, entra em mim!". Eu achei que Aninha estava pedindo para eu penetrar nela. Fui pra cima para comer o c... dela, nisso Aninha deu um grito e disse: "Você ainda não! Estou chamando minha Pombagira", e continuou repetindo "entra em mim" por mais algumas vezes. Não demorou e logo olhou para mim e disse: "Vem, come o meu c...!". Com ela posicionada de quatro, encavalei por cima e demos continuidade à cena sem mais nenhuma interrupção, com mais duas posições de sexo anal na sequência.

Após a cena, o diretor, em tom de brincadeira, me perguntou se eu alguma vez já havia gravado com uma Pombagira. Não sei se Aninha estava mesmo incorporada por uma Pombagira ou não, pois podia ser apenas o psicológico dela. O fato é que, a partir do momento que ela deu a entender que estava incorporada, deu o c... facilmente e com boa desenvoltura.

Quase "fomos em cana"

Certa vez, estávamos filmando no Rio de Janeiro, em uma praia com pouca movimentação de pessoas, visitada mais por surfistas. Estávamos fazendo a cena em uma das extremidades da praia e a equipe de filmagem estava gravando duas cenas simultaneamente. Uma delas era a que eu estava gravando com a atriz que vou chamar aqui de Flavinha, a poucos metros de nós estava sendo gravada a outra cena com um ator que vou chamar aqui por Julio, atuando com outra atriz. No desenrolar das filmagens, Flavinha e eu finalizamos a cena que estávamos fazendo e fomos aguardar com o restante da equipe o término da outra cena. Não demorou, o Júlio e a outra atriz concluíram a última posição e já estavam prestes a finalizar a cena com ele se masturbando para ejacular no rosto dela. Nisso apareceu a polícia e a cena foi interrompida.

O fato cômico dessa situação foi que, quando os policiais chegaram, o Júlio continuou batendo punheta e pediu aos policiais se ele podia gozar para finalizar a cena. Então, um dos policiais fez uma cara de "poucos amigos", mandou o Júlio e a atriz se vestirem e perguntou quem era a pessoa responsável pela filmagem. Nesse momento, o diretor — com um dos sócios da produtora que também estava presente — foi conversar com os policiais. Alguns minutos depois, o diretor veio conversar com a gente e disse que ele e o sócio da produtora iriam ser conduzidos à delegacia e era para nós, atores, atrizes e o restante da equipe, voltarmos para a pousada onde estávamos.

Geralmente, quando filmávamos no litoral, as cenas eram realizadas em embarcações ou em praias e ilhas mais isoladas e de difícil acesso. Mas às vezes uma produtora ou outra decidia gravar em praias nem tão isoladas assim. Em algumas ocasiões, surgiam até grupos de pessoas que ficavam no local assistindo e havia também o risco de aparecer a polícia, por se tratar de local público, o que acabou acontecendo nessa gravação.

Algumas horas depois, o diretor e o sócio da produtora retornaram à pousada onde estávamos alojados e disseram que tinham resolvido o assunto, mas não nos detalharam como resolveram a questão com a polícia. Não sei de que forma foi resolvido esse assunto entre eles, mas o fato é que quando a polícia chegou achei que todos nós iríamos em cana.

No dia seguinte foi alugada uma escuna e fomos gravar em uma ilha afastada da cidade, lá foi feito o restante das cenas que faltavam para aquela produção. Ah, e nesse dia o Júlio também conseguiu terminar a cena do dia anterior, mas não se livrou da zoação da galera por ele ter batido punheta na frente dos policiais e ainda pedir permissão para gozar.

CAPÍTULO III

O OUTRO LADO DA INDÚSTRIA DE FILMES PORNOGRÁFICOS

Cena bizarra

Uma das coisas mais esquisitas que presenciei na indústria pornô foi uma produção que participei com um produtor e diretor norte-americano realizada em um sítio no interior do estado de São Paulo.

Quando cheguei ao local da gravação, estava sendo realizado um ensaio fotográfico com uma atriz que, até então, não a conhecia, pois nunca a havia visto em nenhuma gravação anterior a essa. Fisicamente aparentava ter entre 40 e 45 anos de idade, morena alta de cabelos pretos e longos quase até a cintura e estava vestindo apenas uma cinta-liga branca. Assisti ao ensaio fotográfico por alguns minutos e, em seguida, me dirigi a um dos quartos da casa para guardar minha mochila e já aproveitei para tomar um banho. Logo depois, resolvi deitar na cama para descansar um pouco. Eis, então, que se abre a porta do quarto e entra, para falar comigo, uma atriz — que chamarei aqui de Fernanda.

Fernanda era uma atriz que estava tendo um relacionamento com esse produtor/diretor norte-americano e, por conta disso, também estava trabalhando na organização das cenas.

Ela então se aproximou de mim e disse que estava precisando falar comigo sobre a próxima cena, revelando que a mulher que estava fazendo o ensaio fotográfico era sua mãe, e que a próxima cena seria entre mim e a mãe dela. A minha ficha ainda não tinha caído completamente e perguntei à Fernanda se era apenas um personagem se passando por sua mãe. Fernanda respondeu dizendo que não era nenhum personagem, que aquela mulher que eu iria fazer a próxima cena era mesmo sua mãe biológica. Seguiu explicando que aquele filme seria feito com mães e filhas biológicas e que eu iria gravar apenas com sua mãe, mas que no dia seguinte outro ator iria gravar com ela (a própria Fernanda) com a mãe — no caso, mãe e filha biológica participando da mesma cena e ambas transando com o mesmo ator na cena.

Antes de sair do quarto, disse que aquela iria ser a primeira cena de sua mãe e pediu para eu comer o c... dela antes de iniciar a gravação, pois, segundo Fernanda, fazia tempo que sua mãe não fazia sexo anal. Assim, ela entraria na cena mais *relax* e com o c... mais laceado. Com minha confirmação, Fernanda saiu do quarto e, antes de fechar a porta, disse que sua mãe já estaria entrando para eu auxiliar naquele pedido feito.

Nisso, a mãe de Fernanda entra no quarto e tranca a porta, tira o roupão de banho que estava usando, deita de ladinho na cama e pede para eu ir com cuidado. Alguns minutos depois, com ela já se sentindo mais à vontade, me agradeceu e saiu do quarto. Pouco tempo depois vieram me avisar para eu ir para o set de gravação, pois minha cena logo iria começar.

Me dirigi ao set de gravação e, na sequência, fiz a cena com a mãe da Fernanda. Um detalhe é que, no decorrer da filmagem, Fernanda entrou no set onde estávamos gravando e ficou assistindo à cena. Já no dia seguinte, as duas fizeram juntas uma cena com outro ator que também estava no elenco, como havia me dito no dia anterior.

Existe um nicho, um público que assiste a pornô, que tem esse tipo de fetiche, de histórias de mãe e filha transando juntas com outros homens. Algumas produtoras, principalmente estrangeiras, filmavam séries com cenas entre mães e filhas, mas com personagens fictícios, ou seja, representando os papéis de mães e filhas — que na minha visão é um fetiche sombrio e doentio. Mas um filme com mãe e filha biológicas atundo juntas eu ainda não tinha visto. Até onde sei, essa foi a primeira e única produção dessa natureza realizada aqui no Brasil.

Naquela época, nós, atores e atrizes, achávamos estranha e bizarra aquela situação de mãe e filha fazendo cenas juntas. Por parte das atrizes, sempre disseram ser algo inimaginável para elas e que jamais fariam.

. Na ocasião, por mais estranha e bizarra que fosse, caso eu também fosse escalado para gravar com as duas juntas na mesma cena, provavelmente, naquela época, eu também teria gravado. Na minha concepção, a maneira que eu enxergava essa situação era de que eu não tinha vínculo sanguíneo com elas, e que elas resolvessem esse assunto entre si. Afinal, eu era um profissional, este não era problema meu e estava lá somente para fazer a cena.

Anos depois de já ter parado de gravar pornô, uma moça entrou em contato comigo pelas redes sociais, fomos criando um princípio de amizade virtual e, por iniciativa dela, rolou um flerte. Combinamos, então, de nos conhecer pessoalmente quando ela viesse a São Paulo, pois naquele momento estava morando na Europa e viria ao Brasil em algumas semanas para visitar sua mãe. Alguns dias depois, ela me enviou uma mensagem com uma foto sua ao lado de outra mulher, dizendo que já estava em São Paulo. Em seguida, mandou outra mensagem dizendo que essa outra mulher era sua mãe, enviando ainda outras fotos da mãe de biquíni, perguntando o que eu achava fisicamente dela. Respondi que era uma mulher bonita e perguntei por que ela estava enviando aquelas fotos para mim.

Ela então ligou para o meu celular e disse que queria me fazer uma proposta e sem mais enrolação foi direto ao ponto, dizendo que tanto ela quanto sua mãe tinham uma fantasia, um fetiche de elas transarem juntas com um mesmo homem, e me relatou como queria que fosse a transa. Começaria comigo transando com sua mãe no quarto e ela espiando pela porta entreaberta e, em seguida, ela entraria também na transa, para eu comer as duas juntas.

Na hora me veio a lembrança daquele filme que eu havia participado há tantos anos, por mais que eu já tivesse vivenciado essa situação, fiquei surpreso com o que ela estava me propondo. Perguntei se ela não achava estranho o que ela estava me pedindo e ela respondeu dizendo que o sentimento que ambas tinham uma pela outra era apenas de amizade e não existia entre elas o sentimento de mãe e filha, pois não conviveram juntas.

Ainda meio perplexo, respondi a ela dizendo que eu não iria aceitar esse convite e não iria fazer o que estava me propondo. Ela ficou meio contrariada com a minha recusa e continuou insistindo, mas reafirmei minha posição de não fazer o que estava me pedindo. Então, mencionei o filme em que eu havia participado com mãe e filha, dizendo que eu não mais compactuava com aquilo e que não era para insistir no assunto. Na sequência, finalizamos a conversa.

Comentei essa história com alguns amigos e conhecidos e eles me perguntaram por que eu não transei com essa moça junto da mãe dela, pois tempos atrás, quando eu filmava pornô, caso tivesse que gravar com elas, eu faria a cena.

Com o passar do tempo e por eu estar adquirindo uma maior consciência de todo o processo que passei na indústria pornô — e fora dela, por meio do sexo mais primitivo e predatório —, observo que esse tipo de sexo, principalmente envolvendo mãe e filha biológica na mesma transa, nos afasta dos bons valores humanos e, nessa ocasião, já com essa consciência adquirida, caso eu aceitasse esse tipo de proposta, eu não seria coerente com a visão que tenho hoje de respeito ao ser humano e de não cair em uma vibração mais densa, sintonizando as faixas mais baixas de promiscuidade. Era necessário rejeitar a proposta e reafirmar os valores que venho buscando, alinhado com o meu modo de sentir e pensar de hoje, em que valorizo as relações mais saudáveis.

Ademais, nem sei dizer se esse convite era apenas uma fantasia individual da moça, mas entendo ser talvez a vida me proporcionando mais um teste de coerência, em que tive que colocar em prática esse caminho por mim escolhido.

A cena que recusei participar

Estava fazendo compras em um supermercado próximo da minha casa, em São Paulo, e nisso encontro com um ator que vou chamar de Paulão, que prestava assessoria para alguns produtores norte-americanos e europeus que vinham gravar no Brasil. Com ele, estava um famoso diretor norte-americano de filmes adultos, e o Paulão, aproveitando a oportunidade, me apresentou a esse diretor dizendo que eu também era ator. De maneira bem espontânea e simpática, o diretor sorriu e pediu para eu fazer parte do elenco das filmagens que ele iria produzir no Brasil.

Havia ficado nítido para mim que tinha criado uma boa impressão e seria ótimo trabalhar com um diretor renomado e prestigiado da indústria pornô. Esse diretor havia recebido algumas premiações do Adult Video News Awards (AVN), uma espécie de Oscar dos filmes pornôs. Ser escolhido pessoalmente por ele me proporcionaria ainda mais prestígio profissional, pois fazer parte do elenco de um filme dele me colocaria na vitrine mundial para possíveis trabalhos com outros diretores e produtores estrangeiros que viessem a gravar no Brasil.

No dia seguinte, Paulão me telefonou avisando pra eu fazer um exame, pois a gravação seria realizada no final de semana, em um estúdio em São Paulo. Geralmente, quando as gravações eram realizadas na cidade de São Paulo, a produção me passava o endereço e eu me dirigia diretamente ao local de metrô ou de carro e o elenco se encontrava no local onde seria realizada a gravação. Quando a gravação era fora da cidade de São Paulo, o elenco se reunia em determinado ponto de encontro e de lá íamos ao local da gravação com uma van alugada pela produtora, e assim, os atores e as atrizes já tinham uma noção com quem provavelmente iriam contracenar.

Nesse caso, como a cena seria realizada na cidade de São Paulo, fui direto ao local. Chegando no estúdio, vejo Paulão conversando com outros quatro atores. Caminhei em direção a eles e os cumprimentei. Na sequência, Paulão me disse que estavam tratando da cena que iríamos fazer e que seria um *gang bang* com uma mulher grávida, e que ela já estava de sete meses de gestação. Por ser uma cena de fetiche por grávidas, no final da cena teríamos que ejacular em cima da barriga dela. Então, durante nossa conversa, chega no estúdio essa atriz — que vou chamar de Luciana. Ela estava acompanhada pelo diretor norte-americano. Ver a Luciana com aquele barrigão de sete para oito meses de gestação, se propondo a fazer um *gang bang* com cinco atores, me deixou, por um instante, perplexo com aquela situação.

Para quem não sabe, o *gang bang* se caracteriza por serem cenas com uma dinâmica mais forte e um tanto brutas, exigindo muito esforço físico e psicológico por parte da atriz, pois ela tem que fazer sexo com vários homens ao mesmo tempo, além de exigir diferentes formas, como o anal e a dupla penetração (DP — posição que envolve simultaneamente um pênis na vagina e outro no ânus da atriz). Enquanto os dois atores penetram a atriz, os outros que participam da cena ficam recebendo sexo oral dela. Além disso, os atores vão se revezando continuamente nas penetrações. Sem dúvida, algo muito desgastante para a atriz que se propõe a fazer esse tipo de cena.

Fiquei pensando, então, o quanto seria desgastante e arriscado para ela — e para a criança que estava em seu ventre — fazer aquela cena, pois a gravidez exige uma série de cuidados a mais no dia a dia para garantir a integridade da mãe e da criança. Outra questão era o fato de eu ter consciência que a criança que estava em seu ventre conseguir, por meios sensoriais, sentir as emoções e os sentimentos que a mãe estava tendo.

Reparei, em um momento, que Luciana foi pegar um café e fui atrás dela para "dar um oi", pois a conhecia de gravações anteriores, antes de sua gravidez. Perguntei se ela iria mesmo fazer aquela cena. Luciana me respondeu que sim, dizendo ainda que não estava mais namorando o rapaz que a engravidou e que ele também não estava ajudando financeiramente. Completou dizendo que nem a família a havia acolhido, que estava morando de favor por algum tempo na casa de uma pessoa e, por conta disso, estava precisando muito do dinheiro do cachê que iria receber para fazer aquele filme.

Luciana era uma jovem entre 19 e 20 anos de idade e era evidente sua imaturidade para lidar com aquele drama que estava passando. Viu no pornô a condição de ganhar um dinheiro para aliviar sua situação financeira naquele momento.

Observando todo aquele quadro, chamei todos os que estavam relacionados com a produção — o Paulão, o diretor do filme e os outros atores que lá estavam — e comuniquei que eu não iria mais fazer essa cena de *gang bang* com a Luciana e expus os motivos que estavam por trás de minha decisão. O diretor norte-americano perguntou ao Paulão se eu não sabia sobre o conteúdo da cena, pois quando se trata de alguma cena mais exótica os atores e as atrizes costumam ser avisados com antecedência, permitindo a todos a possibilidade de aceitar ou não. Imediatamente Paulão se desculpou por ter se esquecido de me avisar sobre o tema daquela produção, o restante do elenco havia sido previamente informado sobre seu conteúdo. Como eu havia sido chamado em cima da hora, fiquei sem essa informação. Em contrapartida, o elenco argumentou que iria "pegar leve" na cena, pela condição de gravidez da atriz.

No entanto, minha decisão estava tomada e não tinha mais dúvidas sobre essa questão, mesmo que isso custasse não ser mais chamado para gravar com esse diretor e produtor norte-americano. É importante ressaltar que, nesse caso, não faria a gravação, mesmo que fosse apenas entre mim e Luciana, pois como já mencionei anteriormente a criança no ventre consegue sentir as emoções e os sentimentos da mãe e não via nenhum benefício emocional para a criança estar se formando em meio a essa energia perniciosa que acontece em um set de filmagens de um filme pornô. De maneira oposta, quando uma criança está sendo gerada no ventre em que sua mãe tem um relacionamento sexual afetivo, em que existem sentimentos nobres e gratificantes de amor, respeito, acolhimento e ternura, o sexo é benéfico para a mãe e contribui com a saúde emocional da criança que está no ventre.

Ao mesmo tempo, confesso que eu não era muito "flor que se cheire", pois já havia participado de vários *gang bangs*, mas participar daquela cena seria meio que "muito" para mim. Fui para casa com o sentimento de ter tomado a decisão certa e também com a percepção de estar florescendo com maior intensidade a vontade de parar de atuar em filmes adultos, o que acabou ocorrendo pouco tempo depois.

Estimulantes sexuais: pressão e cobranças por boas cenas

Viagra não era garantia de sucesso em cena, pois eu presenciei — e também escutei de vários diretores — que muitos homens se apresentavam para fazer um teste para se tornar ator pornô e, mesmo usando esse comprimido ou outros similares — como sialis e o levitra —, quase todos brochavam, pois na hora H se intimidavam com as câmeras e a equipe de filmagem em volta analisando a performance dele. Havia também outro fator psicológico: não gozar antes da hora, pois caso acontecesse o ator tinha que se recompor rapidamente para dar segmento à gravação e ter que gozar novamente na hora de concluir a cena. E poucos aguentavam administrar essa pressão.

Costumo comparar a pessoa que joga futebol apenas por recreação com o jogador profissional em que se é remunerado, mas existe uma pressão enorme em cima dele por bom rendimento e resultado. Assim é com o ator pornô, pois, quando envolve dinheiro e o compromisso e a cobrança por ter que fazer sempre boas cenas, isso mexe bastante com o psicológico e o emocional da pessoa. Se o ator brochar ele coloca em risco o orçamento financeiro daquela produção, já que tem a diária do imóvel, transporte, alimentação, cachê dos profissionais envolvidos, cameraman, fotógrafos, iluminador, maquiador e os próprios atores e atrizes, que poderão ficar sem receber o pagamento.

Na maioria das vezes as produtoras gravavam no mesmo dia uma média de duas a quatro cenas. Caso acontecesse de algum ator brochar, tinha como substituir por outro ator, que lá estava, mas tinham outras cenas que eram feitas sem contar com atores substitutos, e a pressão por não brochar se tornava maior ainda, pois, caso falhasse, não havia outro ator para substituir a cena.

Independentemente de haver outros atores ou não, a pressão era grande, pois um ator pode fazer várias cenas boas, mas se ele der uma brochada em cena e fizer duas ou três cenas "meia bomba" na sequência, os diretores começavam a olhar com desconfiança para ele e colocá-lo na geladeira por algum tempo, correndo até o risco de não ser mais chamado para gravar para algumas produtoras.

Nesse período de 2000 a 2009 em que atuei na indústria, praticamente quase todos os atores que conheci já brocharam em uma cena ou mais e também já fizeram algumas cenas "meia bomba", mesmo tomando viagra ou outros comprimidos similares. Eu fiz por volta de umas mil cenas durante minha carreira de ator e passei pela experiência de brochar em cena a ponto de ser substituído por outro ator em três ocasiões, por isso, digo a você, que não é nada agradável. É uma sensação de abatimento, chegando a ser desesperador. É uma das piores coisas na vida de um ator pornô, pois, como já mencionei, ele pode ter feito centenas de boas cenas, mas quando dá uma brochada ou mesmo não brochando por completo — mas havendo uma sequência de cenas que ele não teve bom desempenho —, o meio pornô todo fica sabendo e os comentários são inevitáveis. Caso ele não recuperasse rapidamente a autoconfiança, então seria praticamente o fim de sua carreira.

Por mais experiente que fosse, sempre antes de entrar em cena eu tinha aquele friozinho na barriga, pois o sexo no pornô é um tesão tenso, com variáveis níveis de tesão e tensão, dependendo com quem e para quem eu estava gravando. Era um sexo estressante, que não relaxava, diferente de uma relação sexual realizada no particular. Assim, a autoconfiança é primordial nessa hora. Então, eu buscava controlar a ansiedade e entrar concentrado na cena; com isso, no decorrer da gravação, a ansiedade e a tensão iam diminuindo e se dissolvendo.

Tinham cenas que, apesar da pressão, eram um pouco mais tranquilas de serem feitas, pois o ambiente da gravação estava mais descontraído, com um diretor que te passa confiança e, por mais mecânico que fosse o sexo, rolava um bom entendimento entre o ator e a atriz, e em algumas cenas até rolava uma química entre ambos. Por sua vez, havia cenas em que o ator não estava tão confiante — algumas vezes por neuras ou inseguranças causadas por ele mesmo em seu próprio psicológico — ou estava sem tesão nenhum para contracenar com determinada atriz, ou quando alguma atriz não estava amistosa para gravar com ele. Por mais profissional que ela fosse, fazendo a parte dela, se ela agisse de forma fria com o ator, podia gerar um desconforto para ele.

Um exemplo que aconteceu comigo: em uma gravação, a atriz com quem eu estava filmando estava agindo friamente comigo em cena e, durante uma das posições, perdi a ereção. Geralmente, quando acontecia de o ator perder a ereção, o diretor desligava a câmera e a atriz, mesmo com tudo desligado, dava uma "ajuda" para o ator se excitar e recuperar a ereção para dar sequência à cena. Então pedi para ela se podia me fazer um oral para eu me excitar novamente, mas ela me respondeu que não e que era para eu me virar, pois ela era paga para gravar e não para excitar o ator com a câmera desligada. E olha que eu já tinha feito algumas boas cenas com ela anteriormente em outras gravações, mas naquele dia ela estava sisuda e realmente ela não tinha essa obrigatoriedade. Então pedi um tempo para beber um copo d'água e dar uma respirada; na sequência me concentrei e consegui me recompor, dando continuidade e finalizando a cena.

Outra situação desconfortável era quando tinha que gravar para alguma produtora em que o ator e o diretor não tinham tanta empatia um pelo outro. Isso causava um pouco de insegurança para o ator. Também havia diretores que, em vez de tranquilizar o ambiente, causavam estresse desnecessário. Inclusive tinha um deles que, além da estupidez e da grosseria no trato com as pessoas, era também extremamente sistemático, pois, se o ator que estivesse fazendo a cena em algum momento perdesse a ereção, esse diretor desligava a câmera e saía esbravejando, o que na minha visão era uma tremenda ignorância e estupidez, pois em todas as produtoras tinha o setor de edição, já que era normal e acontecia com frequência, pois dependendo da posição que o ator e a atriz estivessem realizando, o esforço físico do ator era puxado e algumas vezes ele perdia a ereção por um momento. Nesse caso, as câmeras eram desligadas por um instante para o ator se reestabelecer e, com a ereção de volta, ligavam-se as câmeras e dava-se continuidade à cena, sem maiores problemas. Mas esse diretor, por uma questão de vaidade, não gostava de mandar para a edição as cenas que ele dirigia e dizia que seus filmes não precisavam de edição e que poderiam já rodar direto.

Tem até uma história que o pessoal conta que, em uma gravação, esse diretor deu a seguinte instrução para um ator, que vou chamar aqui de Rubão:

"É o seguinte, Rubão: você vai mergulhar na piscina já de p... duro, atravessar a nado e, do outro lado, a atriz vai estar sentada à beira da piscina tomando banho de sol. Então, você sai da água já com a pica dura e a atriz começa a fazer oral em você. Mas a pica tem que estar dura, hein!? Pois se você sair da piscina com a pica mole, você vai ferrar com a abertura da cena e eu não vou mais chamar você para gravar!"

Então, o Rubão ficou de p... duro, mergulhou na piscina, atravessou a nado e quando saiu, a pica tava mole, encolhida quase toda para dentro. Esse diretor ficou muito bravo com o Rubão e a cena se repetiu mais uma vez, e depois outra, e nada do Rubão ficar com a pica dura. Então o restante da equipe conversou com o diretor para que mudasse a abertura da cena, mas o Rubão estava abalado demais para dar continuidade à gravação e o substituíram por outro ator. Justiça seja feita com o Rubão: a água da piscina estava muito fria.

Nós, atores, contávamos essa história com humor, pois a situação que o Rubão passou era dramática e engraçada ao mesmo tempo. Praticamente nenhum ator gostava de gravar para esse diretor por causa dessa carga de tensão desnecessária em nossos ombros.

Por esses motivos que mencionei, alguns atores começaram a fazer uso das injeções penianas para fazerem suas cenas, pois tanto com o viagra, o sialis e o levitra (ou qualquer outro comprimido similar), a pessoa precisa ter estímulo para conseguir a ereção. Se na hora da cena o ator ficar muito tenso, ansioso ou preocupado e abalar seu psicológico e emocional, o risco de brochar é grande. E pode-se tomar a cartela inteira de viagra que não vai adiantar. Digo isso por experiência própria e por ter escutado e também presenciado acontecer com outros atores a mesma coisa.

Já com a aplicação de qualquer injeção peniana que se fizesse uso, o ator poderia ficar de frente para uma porta ou para uma parede e mesmo assim ficar de p… duro, pois não necessita de estímulo sexual para ter e manter a ereção. Por esse motivo, alguns atores começaram a usar e aplicar essas injeções, pois assim tinham a certeza de que não iriam brochar. Poderiam estar gravando para qualquer diretor que fosse, com qualquer atriz, tendo tesão ou não ou a atriz sendo fria ou antipática em cena, eles sabiam que não iriam perder a ereção e isso proporcionava uma tranquilidade para esses atores, já que tinham a certeza de que não brochariam de jeito nenhum.

Eu nunca cheguei a fazer uso das injeções penianas, pois seu uso constante e de maneira excessiva, segundo alguns médicos urologistas, com o tempo vai afetando negativamente, enfraquecendo e destruindo o corpo cavernoso do pênis, correndo o risco de perder completamente a ereção.

Havia alguns períodos em que nós, atores, gravávamos várias cenas durante a semana e os atores que faziam uso das injeções reclamavam da dor que sentiam no p... e alguns não conseguiam aplicar mais de três vezes na semana. Outros conseguiam variar e faziam algumas cenas usando viagra, mas havia atores que tinham dificuldade e não conseguiam mais gravar utilizando o viagra, pois só se sentiam confiantes para fazer a cena aplicando a injeção. Mesmo com dor e trazendo ainda mais risco para a saúde, continuavam fazendo uso das injeções ou ficavam limitados a duas ou três cenas na semana. Por esses motivos eu não tive o interesse de experimentar e fazer uso das injeções. Geralmente usava um comprimido de 50 mg de viagra, que era dado para o ator fazer a cena, e tinha vezes que eu variava usando um comprimido de sialis. Eu fazia essa variação temendo que o uso contínuo desse mesmo medicamento perdesse seu efeito e o corpo não mais respondesse a ele.

Porém, às vezes, conforme a pressão da cena que iria ter que fazer, eu então usava dois comprimidos de viagra de 50 mg cada ou usava um comprimido de sialis com mais um comprimido do levitra, pois me proporcionavam um certo conforto, uma segurança psicológica para fazer a cena.

Teve uma vez em que fiz um coquetel e tomei viagra, levitra e sialis tudo junto: meu coração parecia um tambor de tão forte que batia. Então, comentei o fato com um amigo que também estava no set de filmagem, dizendo a ele que, caso eu tivesse um treco em cena, era por tal motivo. Fiz a cena, sobrevivi e estou vivo pela misericórdia divina, pois meu coração quase saiu pela boca.

Com o passar do tempo notei que até mesmo nas minhas relações sexuais fora das câmeras, em minha vida particular, na maioria das vezes eu também estava fazendo uso de algum estimulante sexual. Psicologicamente era uma muleta em que se tinha um apoio, pois na minha vida privada eu também estava vestindo o personagem "Vitor Gaúcho" e na minha cabeça eu tinha a obrigatoriedade de ter sempre aquela performance profissional para impressionar quem estivesse transando comigo. Nisso, acabei desenvolvendo ansiedade de performance, uma preocupação excessiva com o meu desempenho sexual, assim eu colocava uma pressão desnecessária causando insegurança, um medo de não ter um bom desempenho sexual e não satisfazer sexualmente minha parceira, pois eu era o "Vitor Gaúcho", um astro pornô, e não podia fazer um sexo qualquer. E o que era para ser algo prazeroso para mim acabava sendo muitas vezes angustiante, pela obrigação em que me colocava.

Mesmo quando resolvi parar de gravar filmes adultos, continuei utilizando alguns desses estimulantes sexuais químicos. Mas com o decorrer do tempo fui parando de utilizá-los, pois organicamente eu não tinha problema de disfunção erétil. Quando me masturbava ou tinha algum estímulo sexual por meio de um beijo mais acalorado e com algumas carícias da parceira com quem eu me envolvia, eu conseguia obter uma boa ereção, foi quando me dei conta que estava psicologicamente viciado e não tinha a necessidade de continuar usando esses medicamentos. Assim, fui recuperando minha autoconfiança em relação a esse assunto e não ficar me colocando em uma pressão psicológica desnecessária, querendo comparar se sou mais ou menos viril sexualmente que outras pessoas ou achando que tinha a obrigatoriedade de transar por horas para impressionar minha parceira. Fui reaprendendo a agir com naturalidade e desfrutar de maneira benéfica das minhas relações sexuais.

Vejo que é importante lembrar que, pelo fato de ambos estarem transando, para terem chegado a esse momento, houve certo jogo de sedução em que ambos viram qualidades atraentes em um e no outro, não apenas física, mas também em outros aspectos relacionados ao carisma, à confiança e ao benquerer. Então, não tenho necessidade de ficar me colocando pressão e sim desfrutar e aproveitar tranquilamente o momento.

Segundo algumas pesquisas médicas, grande parte dos homens abaixo dos 40 anos — inclusive jovens — estão fazendo uso frequente de estimulantes sexuais sem terem a real necessidade orgânica, o que tem causado em muitos deles uma dependência psicológica desses medicamentos. Caso a pessoa tenha realmente a necessidade de fazer uso desses medicamentos, procure um médico para avaliar seu caso e assim utilizá-los de maneira segura.

Pornô cruel com as mulheres

Geralmente, os filmes mostram a atriz sendo totalmente submissa e fazendo todas as vontades sexuais do ator, projetando a imagem deste como sendo o comedor, o garanhão. Já a mulher, a atriz, é tida como a vagabunda, um objeto sexual do homem.

Quase todas as atrizes tinham que fazer sexo anal nas cenas, pois era uma das exigências da indústria pornô. Nesses quase dez anos em que trabalhei nesse meio foram raras as atrizes que não tiveram que fazer anal e poucas em suas primeiras cenas não tiveram a obrigatoriedade; nesse caso, em seguida, tinham que fazer isso para que pudessem se manter na indústria. Em geral, praticamente todas as atrizes iniciantes já nas primeiras cenas faziam sexo anal, e algumas nunca tinham feito e outras tinham feito poucas vezes em sua vida particular.

Não estou fazendo juízo se é certo ou errado que as pessoas façam sexo anal em suas relações sexuais, pois cada um sabe o que lhe proporciona prazer, mas a questão dos filmes é da obrigatoriedade de as atrizes terem que fazer, mesmo não gostando e sendo um martírio para algumas delas. Outro ponto é o da brutalidade muitas vezes exercida durante a cena.

Alguns diretores pediam para os atores serem mais suaves com a atriz iniciante, pois caso ele fosse muito *hard* nas primeiras cenas dela, corria o risco de a atriz não voltar a gravar mais (*hard*, na linguagem pornô, é uma pegada bruta, pesada). À medida que a atriz ia gravando outras cenas, a intensidade ia ficando mais forte e com uma pegada mais bruta.

Por mais experiente que a atriz fosse em fazer sexo anal, para ela aguentar o tranco da cena tomava dois ou três comprimidos de relaxante muscular para ficar com o corpo mais relaxado e menos tenso para fazer o anal. Muitas atrizes também faziam o uso de pomadas anestésicas para deixar a região anal dormente e assim algumas atrizes não sentiam tanta dor na hora da cena. Mas quando o efeito da pomada anestésica passava algumas atrizes relatavam sentir desconforto e dor. Normalmente, em uma cena, eram realizadas cinco posições, sendo três vaginais e duas posições de anal, e o período para gravar uma cena era em torno de uma hora e meia a duas horas, entre filmagem e fotos, mas dependendo da cena o tempo de duração podia ser maior.

Algumas cenas exigiam ainda mais da atriz, pois a indústria pedia cada vez mais cenas *hard*, ou seja, cenas mais pesadas, já que o consumidor que assiste à pornografia vai ficando entediado em assistir a cenas convencionais e começa a procurar por cenas cada vez mais pesadas e com maior perversidade, com DP, DP anal, ATM (*ass to mouth* – do ânus para a boca), *gang bang* etc. As produtoras começaram a fazer séries de filmes com cenas inteiras só de sexo anal, com mais intensidade e agressividade, e, conforme fosse a passividade da atriz, eram direcionados a ela xingamentos, tapas e cuspidas em seu rosto, chegando inclusive ao ator pisar em sua cabeça, prensando contra o chão, colocando-a em uma situação de submissão e humilhação. Não eram todas as atrizes que se submetiam a essas agressões e antes de começarem a gravação determinavam o que podiam ou não fazer com elas em cena, mas muitas atrizes acabavam se submetendo a esse sadismo.

Havia cenas em que o ânus da atriz ficava bastante machucado e chegava até a sangrar. Por ela estar com a região anal anestesiada pelo uso da pomada que utilizou para atenuar a dor, não percebia que estava machucada. Por esse motivo, algumas atrizes preferiam não usar a pomada anestésica, pois assim conseguiam ter noção até quando podiam aguentar e se estavam machucadas ou não.

Eu presenciei algumas situações, em sets de filmagens, de a atriz sair da cena e não querer dar continuidade à gravação, pois o ator a estava machucando e ela pedia para ele ir com mais calma, mas o ator ignorava seus apelos e continuava agindo com força excessiva e brutalidade. A equipe de filmagem tinha que intervir e a atriz, para não perder o seu cachê, tinha que terminar a cena e dando a entender perante as câmeras que estava adorando aquilo tudo. Vejam que situação desagradável física, psicológica e emocionalmente que algumas atrizes passavam, pois, além de terem que lidar com a dor física, tinham que continuar e terminar a cena com os atores que as estavam causando sofrimento e as cenas eram ainda finalizadas com eles ejaculando em seus rostos.

Havia diretores e atores que buscavam ter certo cuidado com as atrizes em cena, mas também tinham alguns diretores que pouco se importavam com a atriz e ainda diziam que ela estava sendo paga para fazer a cena. Se ela não aguentasse, era para trocar a atriz e não a chamar mais para as próximas gravações. Os atores que trabalhavam para esses diretores eram orientados para fazerem cenas *hard*, caso contrário também não seriam mais chamados. Entre alguns atores existia meio que uma competição para dizer quem era o mais *hard*, quem tinha a pegada mais forte e alguns, com um tom sádico, se vangloriavam dizendo que tinham arrebentado com o c... da atriz em cena, para assim dizer que era "O cara".

As atrizes pornô têm prazo de validade, pois a indústria suga e explora a imagem das atrizes e logo depois as descartam. Então, nos primeiros meses da carreira de uma atriz, praticamente todas as empresas nacionais e as produtoras estrangeiras que vinham eventualmente filmar no Brasil a chamavam para fazer parte do elenco e tinham gravações quase que diariamente. Com o passar do tempo o ritmo de gravação começava a cair, pois as produtoras já tinham gravado várias cenas com ela e então começavam a chamar só eventualmente e não mais com tanta frequência, já que o mercado pornô exige (popularmente falando) "carne nova", pois os consumidores que assistem à pornografia, depois de um tempo, se desinteressavam em assistir a filmes com a mesma atriz e buscavam alugar ou comprar fitas cassetes ou DVDs que tivessem atrizes novatas. O tempo de carreira de uma atriz variava de seis meses a um ano e, com algumas poucas exceções, encontramos atrizes nacionais que tiveram longevidade maior no mercado. Também havia algumas atrizes que atuaram em poucas cenas e percebiam a roubada em que estavam se metendo e saíam fora logo.

A grande maioria das mulheres que trabalharam nessa indústria se arrepende de um dia terem filmado. Digo isso porque todas as ex-atrizes que tive a oportunidade de conversar me relataram basicamente que quando entraram na indústria pornô elas eram jovens e imaturas e não se deram conta das consequências dessa escolha. E uma das consequências é a imagem rotulada de atriz pornô que fica exposta por anos em suas vidas, pois, mesmo já tendo parado de gravar há algum tempo, as imagens dos filmes ficam circulando para quem quiser assistir. E, por viverem em uma sociedade patriarcal, elas ficam marcadas e sofrendo com o julgamento por parte da sociedade. Não que os atores e ex-atores não sofram nenhum tipo de julgamento por parte da sociedade, mas o julgamento destinado às atrizes e ex-atrizes é muito maior. Certa vez, uma atriz me disse que chegou a sofrer bullying e preconceito até por garotas de programa que trabalhavam com ela em um prostíbulo de luxo em São Paulo, pois diziam que era "queimação de filme" ter amizade com ela por ser atriz pornô — típico caso do "sujo falando do mal lavado".

Algumas ex-atrizes conseguem lidar com a situação e virar essa página, recomeçando uma nova vida, sabendo se impor ao que aconteceu e assim ser respeitada pelas pessoas. Sabem ter relacionamentos saudáveis, constituir sua própria família e construir uma vida feliz e produtiva pessoal e profissional. Mesmo tendo consciência que as pessoas saibam que ela fez pornô no passado, consegue impor respeito por suas atitudes no presente e não se deixam abalar por eventuais julgamentos sobre seu passado.

Vou colocar como exemplo uma das conversas que tive com uma ex-atriz, que vou chamar de Carmen, e que conseguiu superar essa situação. Ela disse que entrou no pornô por uma questão totalmente financeira, pois estava com dívidas e morando sozinha na cidade de São Paulo e não estava conseguindo se sustentar. Entrou no pornô por uma escolha própria, entende que o universo tem suas leis e toda escolha tem suas consequências positivas ou negativas, lei da causa e efeito. Disse ela: "Foi uma escolha minha e não vou me colocar numa posição de vítima nem de vilã, pois não fiz mal a ninguém — a não ser a mim mesma —, sofri com as consequências negativas dessa escolha por algum tempo, mas consegui transcender essa situação me perdoando e retirando lições dessa experiência que vivi. Fiz autocrítica construtiva sobre mim mesma sem ficar me maldizendo e me condenando. E comecei uma nova vida. Hoje trabalho com arte e educação e no meu trabalho dou aulas inclusive para crianças e mulheres, estou casada, tenho filhos e sou respeitada pelas pessoas pela minha conduta no meu dia a dia. A maioria das pessoas sabe com o que trabalhei no passado e me respeitam, pois enfrentei essa situação de frente e sei lidar bem com isso."

Eu achei bem legal esse depoimento que a Carmen fez em nossa conversa, pois ela recriou e modificou sua vida para melhor e mostrou a importância de fazermos reflexões sobre nossas experiências, aprendendo com os nossos erros e acertos do passado e fazendo autocrítica construtiva, pois dessa maneira vamos adquirindo maturidade e sabedoria para fazermos melhores escolhas para nossas vidas e assim evoluir de maneira mais suave sem ter que passar por caminhos espinhosos.

Por outro lado, infelizmente, uma grande parte das ex-atrizes sofre danos emocionais e psicológicos por essa experiência, pois mesmo tendo parado de gravar, ainda não conseguiram virar a página e colocam-se numa posição de vítima, ficando submissas a julgamentos de algumas pessoas por parte da sociedade. Desenvolvem baixa autoestima e falta de confianças em si mesmas, tendo dificuldades em se relacionar afetivamente e também se prejudicando em suas vidas social e profissional vivendo de forma depressiva, presa no seu passado.

Greg Braden é um escritor e cientista holístico. Em um de seus livros, *Segredos de um modo antigo de rezar*, ele explica que "só podemos sofrer quando estamos preparados para o sofrimento, isto é, só quando já temos todas as ferramentas emocionais para curar nossa dor é que podemos atrair as experiências que nos darão condições de demonstrar nosso domínio de superação". Diz também que temos duas opções a escolher: Sofrer e aprofundar-se em sentimentos negativos ou mergulhar no mais íntimo de nossa alma, e nos perdoar pelo que causamos a nós mesmos. Dessa maneira, conseguimos força para transcender essa experiência de sofrimento da alma em sabedoria, abençoando e sendo gratos por todas as experiências que passamos em nossas vidas.

Ele diz ainda que "quando abençoamos (e somos gratos) por algo que nos fez sofrer é evidente que não estamos sugerindo que gostamos do que aconteceu ou que gostaríamos que voltasse a acontecer. A benção e a gratidão não são selos de aprovação a um evento pernicioso e nem sugerem que voltaríamos a repeti-lo ou indicar a alguém. O que a bênção e a gratidão fazem é nos libertar das experiências dolorosas e ver que foi uma forma de evoluir."

Obviamente que é mais agradável evoluir sem a necessidade de passar pelo sofrimento, mas também é uma forma de evoluir, só que não tem por que ficar se aprofundando na tristeza, pois eu, você, nossos amigos, nossos familiares, todos nós vivemos coisas e experiências. Extraia delas somente a lição e não seja prisioneiro do seu passado, foi apenas uma lição não uma sentença de prisão perpétua. O presente é o construtor do futuro. Eleve sua frequência vibracional, use sua energia em novos projetos, novas ideias e novas pessoas. A vida proporciona infinitas possibilidades e coisas maravilhosas te esperam lá na frente.

Expostas pela internet

Praticamente quase todas as atrizes e os atores gravavam para as produtoras nacionais e também para as estrangeiras, que eventualmente vinham filmar no Brasil. Mas havia algumas atrizes que gravavam apenas para as produtoras estrangeiras, pois existia uma cláusula no contrato garantindo que esses filmes não seriam comercializados no Brasil e que seriam vistos apenas no exterior. Por esse motivo, algumas delas filmavam apenas para essas produtoras de fora, mesmo que com isso fizessem um número bem menor de cenas comparado com as atrizes que também filmavam para as produtoras nacionais, pois assim suas imagens não seriam expostas aqui no Brasil e não teriam o risco de seus familiares e amigos saberem que elas estavam gravando filmes adultos. No entanto, com o passar dos anos, principalmente com o avanço da internet, essas cenas começaram a serem vistas em vários sites pornográficos, o que acabou expondo as imagens dessas atrizes também no Brasil e, por conta disso, trazendo alguns dissabores para suas vidas.

Um desses casos foi o de uma ex-atriz, ela comentou comigo que alguns colegas de faculdade descobriram e assistiram a algumas cenas dela pela internet e que ela estava muito constrangida com a situação e pensando em sair da faculdade devido aos comentários que vinha sofrendo.

Outro caso foi de uma moça que já tinha parado de gravar há alguns anos e que estava noiva. Seu noivo ficou sabendo que ela havia feito filmes adultos por intermédio de alguns colegas de trabalho que também a conheciam e contaram a ele que viram cenas dela em um site pornô. Segundo o próprio relato da moça, seu noivo ficou superchateado com o ocorrido, mas teve a compreensão de que havia sido algo do passado, que havia se arrependido de ter feito pornô, que não tinha falado para ele por ser um assunto delicado e constrangedor e também por achar que os filmes que fez jamais retornariam para o Brasil. Por fim, continuaram noivos, mas, para evitar constrangimentos no trabalho, ele pediu as contas e foram morar em outra cidade.

Várias pessoas que filmaram para produtoras estrangeiras, com a promessa de que as cenas não viriam para o Brasil, provavelmente tiveram (e ainda podem estar tendo) suas cenas exibidas em sites de pornografia. Por conta disso, estão sujeitas a passarem por vários aborrecimentos.

Sexo pelo sexo não se sustenta

Às vezes ocasionava de eu ter que fazer uma sequência de cenas com a mesma atriz em um curto tempo e logo eu perdia o interesse e o tesão em fazer outras cenas com ela. Isso é comum e até normal no meio pornô, pois praticamente todos os atores falavam a mesma coisa. Por mais bonita e gostosa que fosse a atriz, caso fizessem três, quatro ou cinco cenas seguidas com ela, iam perdendo o tesão e evitavam fazer outras cenas com a mesma atriz por algum tempo.

Por esse motivo acontecia com frequência nos sets de gravação, quando o diretor comunicava aos atores apresentando a ordem com a sequência das cenas e com quais atrizes iriam gravar, um ator ou outro ia conversar com o diretor para ver se tinha a possibilidade de trocar de atriz, pelo motivo de estar com pouco tesão por ela. Na medida do possível alguns diretores, buscando facilitar a cena, pediam para esse ator conversar com o outro ator para ver se ele concordava com a troca de atrizes. Entre vários exemplos que poderia dar vou citar um caso de um ator que vou chamar aqui de Alexandre.

Eu estava entrando no chuveiro para tomar meu banho e já ficar pronto para em seguida fazer minha cena, que pela escala ia ser a primeira a ser filmada. Nesse momento, Alexandre vem conversar comigo, meio encabulado e me pergunta se eu me importaria em fazer a cena com outra atriz — que vou chamar aqui de Gabi — e ele faria a cena com a atriz com quem eu estava escalado para gravar. Ele me disse que estava sem tesão pela Gabi, pois vinha de uma sequência de três cenas seguidas com ela feitas em outras produtoras. Disse também que tinha feito "vício" com ela e por isso estava evitando gravar com a Gabi por algum tempo. "Vício" é uma expressão de linguagem que os atores usavam quando transavam com alguma atriz fora de cena. Respondi para ele que de minha parte não teria problema em fazer a troca das atrizes. Então, fiz a cena com a Gabi e logo depois o Alexandre fez a cena com a outra atriz. Detalhe a pontuar: a

Gabi era bem mais atraente fisicamente que a outra atriz, mas mesmo assim o Alexandre pediu para trocar, pois estava saturado de fazer sexo com ela.

No entanto, algumas vezes não era possível fazer a troca das atrizes e o ator tinha que fazer a cena mesmo com pouco tesão pela atriz. Em uma dessas ocasiões, fui escalado para gravar com uma atriz — que vou chamar aqui por Daisy — e tinha tido uma sequência de cenas com ela não fazia muito tempo. Iniciou a cena e não consegui manifestar nenhum sinal de ereção (e olha que já tinha participado de outras gravações com pouco tesão por algumas atrizes, mas mesmo assim conseguia obter alguma ereção para fazer a cena). Porém, nesse caso, com a Daisy, não estava sentindo nenhum pingo de tesão por ela. Eu até nem estava tão preocupado nem muito tenso, pois estava gravando para um diretor que me sentia mais à vontade e eu não estava me sentindo tão pressionado.

Essa produção estava sendo filmada em uma praia de uma ilha particular — com o restante do elenco também presente no local — e havia uma atriz novata que estava "arrastando uma asa" para mim. Então, pedi para o cameraman dar um tempo e fui conversar com o diretor. Disse a ele que estava sem tesão nenhum na Daisy, mas que estava com tesão na atriz novata. Perguntei se ela poderia ficar perto de mim enquanto eu fazia a cena com a Daisy e o diretor deu sinal positivo, mas pediu para conversar antes com a atriz novata para ver se ela concordava. Após a conversa do diretor com a atriz, ela veio em minha direção. Chegando perto de mim, me olhou sorrindo, me deu um beijo e no mesmo instante fiquei de p... duro. Pedi para ela ficar próxima de mim e foi reiniciada a cena com a Daisy fazendo oral e depois realizando as posições pedidas. O curioso é que, à medida que fazia as posições com a Daisy, eu ia perdendo a ereção. Nisso, o cameraman desligava a câmera e eu ia ao encontro da atriz novata que estava a poucos metros de onde estava sendo realizada a cena. Era só eu chegar pertinho dela que já recuperava a ereção e voltava a gravar. Dessa maneira, consegui fazer e concluir a cena. Mas foi algo bastante constrangedor para Daisy, pois, apesar de ser algo profissional e não haver sentimentos, acabou meio que mexendo com o ego dela, ficando superchateada comigo.

Alguns meses depois, reencontrei a Daisy em uma filmagem e fui escalado para gravar novamente com ela. Nesse dia, fiz a cena sem problemas, mas caso viesse a ter que fazer mais algumas cenas com essa atriz, provavelmente na sequência estaria sem tesão por ela.

Ah! Outra coisa: em relação à atriz novata que me ajudou na cena daquele dia na praia com a Daisy, no dia seguinte gravei com ela, mas não cheguei a transar fora das câmeras, no particular.

Não era algo cotidiano ou corriqueiro de as atrizes transarem com os atores fora de cena, até porque a conduta da esmagadora maioria era apenas profissional, ou seja, elas estavam lá pela grana. Mas isso não impedia que, eventualmente, alguma atriz sentisse uma atração física por um ator e transasse com ele sem ser em cena. Era algo que eu e também alguns outros atores evitávamos — fazer vício com as atrizes. Não que eu não fazia um vício ou outro eventualmente, mas evitava, pois corria o risco de não ter tesão por ela na hora da cena.

Em algumas produções, quando tínhamos que viajar e os atores e as atrizes ficavam na mesma casa, alguns diretores pediam para nós, atores, não fazer vício com as atrizes e por precaução os atores ficavam em quartos separados. Isso ocorre porque, quando o sexo envolve apenas o físico, ele se esvai rapidamente, pois não se sustenta por muito tempo. Não era por acaso que eu fazia algumas cenas com determinada atriz e logo perdia o tesão por ela. Diferente de quando o sexo, além do físico, envolve também laços afetivos mais profundos, pois os bons sentimentos de um pelo outro são os alicerces que sustentam e nutrem o casal, contribuindo para a longevidade sexual entre ambos.

CAPÍTULO IV

O QUE VEIO DEPOIS

Decisão de parar de gravar pornô

Era o ano de 2009, eu estava no auge da minha carreira de ator de filmes adultos, recebi um convite para filmar na Europa por meio de uma produtora russa e teria que morar por alguns meses em São Petersburgo, na Rússia. Na época era um sonho de muitos atores brasileiros filmar no exterior, pois o cachê era bem melhor do que era pago no Brasil e também trazia o status de gravar no exterior, além de contracenar com atrizes russas e do leste europeu, consideradas por muitos da indústria pornô como as atrizes mais bonitas do mundo. Não era à toa que alguns produtores americanos e de outras partes da Europa gravavam naquela região.

Pois bem, tirei o passaporte e consegui o visto para a viagem. Embarcaria para São Petersburgo em algumas semanas para fazer uma temporada de três meses de filmagens. Passaram alguns dias e comecei a me questionar se eu realmente estava disposto a fazer essa temporada de gravações fora do Brasil, pois já estava pensando na possibilidade de parar de gravar filmes adultos. Essa questão estava latente em mim.

Fisicamente estava em condições de filmar por mais alguns anos, mas emocionalmente não me sentia bem. Tinha vezes em que eu ia para a gravação com a sensação de estar indo para a guerra, pois em vez de o sexo ser prazeroso estava sendo algo angustiante. Eu sentia que minha alma estava pesada e, por mais sexo que eu tivesse, não me sentia realizado. Em algumas cenas eu até sentia algum prazer, mas era algo apenas momentâneo e impulsionado pelo instinto predatório do sexo pelo sexo e, por ser vazio de bons sentimentos afetivos, não me sentia feliz e pleno.

Apesar de muitos homens acharem que minha profissão era um "mar de rosas" — receber para transar com a mulherada e ainda ser famoso por conta disso —, eles nem imaginavam como me sentia vazio e angustiado com essa pressão que existia em cima de mim, de não poder broxar e da obrigatoriedade de sempre ter boa performance. Também tinha o fato de eu estar utilizando mal a minha energia sexual e que na época eu nem fazia ideia da existência e da influência dessa energia em nossas vidas, sendo por esses motivos que sentia tais sintomas negativos (o que será comentado mais adiante). Então, entrei em contato com o diretor responsável pela minha intermediação com a produtora russa e expliquei a ele que eu não tinha mais o interesse em fazer aquela temporada de gravação na Europa e também se tinha como encaixar outro ator para ir no meu lugar. No decorrer da conversa, deu tudo certo também com a produtora russa, pois conseguimos encaixar outro ator para me substituir e assim continuei gravando no Brasil por mais alguns meses.

Em certo dia, chegando em casa, ao abrir a porta do elevador, encontro com o meu vizinho de apartamento e recebi um convite dele, pedindo se eu gostaria de participar de um ritual xamânico que iria acontecer logo mais à noite no interior de São Paulo. Se eu quisesse participar, teria que me preparar em poucos minutos, pois a viagem de carro levaria algumas horas até o local onde seria realizado o ritual. Aceitei o convite e em seguida já pegamos a estrada a caminho da cidade de Socorro (achei o nome da cidade bem sugestivo, pois estava realmente precisando de socorro). Após três horas de viagem, chegamos ao local e meu vizinho, como já frequentava há algum tempo, foi me apresentando a algumas pessoas que lá estavam e ali aguardavam. Após alguns instantes, o dirigente responsável pelo ritual chegou e nos orientou sobre os procedimentos que seriam realizados e pouco tempo depois foi dado início ao ritual com Ayahuasca.

No decorrer da cerimônia, entre sons de tambores, flautas e cantorias xamânicas, entrei em uma espécie de transe meditativo (consciente do que estava fazendo e onde estava), mergulhando no meu íntimo interior e, em silêncio, perguntei a mim mesmo se eu gostaria de continuar a gravar filmes adultos ou se preferia parar. E a resposta veio rápida, mentalmente e com o sentimento vindo do coração, eu disse para mim mesmo que a partir daquele dia não mais faria filmes adultos e encerraria naquele instante a minha carreira de ator pornô, me perdoando pelo mal que eu poderia ter causado a mim mesmo. No mesmo instante que tomei essa decisão senti saindo de mim uma "carga pesada" de cima dos meus ombros e simultaneamente suspirei longamente. Por meio desse suspiro eu sentia saindo, indo embora, toda aquela energia pesada de sentimentos e emoções negativas de medo, angústia, raiva e aflição que estavam estagnados dentro do meu peito. Percebendo e sentindo a energia sendo transmutada, fui me sentindo cada vez mais leve. Foi uma sensação de libertação. Após o encerramento do ritual, fizemos uma breve confraternização entre as pessoas que participaram e, em seguida, pegamos novamente a estrada para voltarmos para casa. Durante o trajeto não comentei com meu vizinho da minha decisão de parar de gravar filmes adultos. Fiz a viagem de volta em silêncio e levando comigo a convicção de ter tomado a decisão certa, pois estava com o coração em paz.

No dia seguinte, liguei para os diretores com quem trabalhava avisando sobre minha decisão de parar de gravar e eles ficaram surpresos, mas deixaram as portas abertas caso eu mudasse de ideia (pois era comum casos de atores que tinham parado de filmar e, algum tempo depois, retornavam à indústria pornô), mas dentro de mim eu estava convicto de minha decisão e já tinha virado essa página na minha vida.

Somos atores e coautores de nossas próprias vidas. Somos nós que escrevemos e reescrevemos nossa própria história no livro da vida.

Existe um ensinamento hermético que diz: "Podemos recriar e modificar nosso destino todos os dias e para melhor". No meu caso, adentrei nesse mundo de filmes adultos e vivenciei essa experiência por um tempo até que chegou um momento em que percebi e senti a necessidade de fazer uma mudança na minha vida, levando dessa experiência que tive como ator pornô apenas os ensinamentos que ela me proporcionou. Saber extrair a sabedoria daquele ensinamento que tive e, a partir daí, com mais consciência e maturidade, direcionar minha vida para algo melhor e assim reescrever uma nova e melhor história no meu livro da vida.

Pós-pornô

Já havia se passado algum tempo que eu havia parado de gravar filmes adultos e ainda não sabia em que área queria trabalhar. Um amigo, na época, me aconselhou para ficar tranquilo, pois logo apareceria uma ideia e eu iria saber o que fazer. Alguns dias depois, quando estava dirigindo, viajando para a praia — lembro que era um dia lindo de sol —, senti uma sensação agradável de paz e serenidade, quando me fiz as seguintes perguntas:

"Em qual época da minha vida eu fui mais feliz até aquele momento?"

"O que eu gosto de fazer?"

Justo naquela hora tive um insight do que eu iria fazer profissionalmente. Foi algo incrível, pois em questão de minutos eu descobri que iria abrir uma academia. Era algo que já tinha experiência, pois quando ainda morava em Porto Alegre trabalhei em uma por alguns anos, e fui bem feliz, pois também gostava de treinar e tinha boa interação com as pessoas. Com essa ideia, também veio a pessoa que iria ser o meu sócio nessa academia.

Na mesma semana, comecei a dar ênfase a esse projeto e fui conversar com meu amigo Júnior, se ele topava entrar nesse projeto comigo. Com a confirmação dele, começamos a fazer um estudo da potencialização do bairro onde queríamos abrir a academia e constatamos que o bairro tinha essa potencialidade de atrair bastante alunos. Sabendo que não era um tiro no escuro, que eu não estaria apenas contando com a sorte e que era algo realmente promissor, firmei positivamente a minha mente nesse projeto, fomos atrás desse objetivo e o universo foi conspirando a nosso favor, sendo atraídos pelas boas oportunidades, desde encontrar um local excelente para a instalação da academia — e com o valor do aluguel acessível — até empresas que facilitaram a forma de pagamento da compra dos aparelhos de musculação, esteiras, bicicletas ergométrica e demais equipamentos e utensílios de que uma academia precisa. Tivemos também o auxílio de bons profissionais para concretizar esse projeto.

Em novembro de 2009 foi quando eu tive a ideia de ter uma academia e em 11 de março de 2010 eu estava inaugurando a academia *"V10 Fitness"* com meu amigo Júnior, que era a pessoa que havia escolhido para ser meu sócio naquela visualização que tive meses atrás. E foi uma parceria de sucesso.

Antes de abrir a academia, estava curioso em saber como seria a reação das pessoas ao me reconhecerem, pois tinha um pouco de receio que pudesse haver algum tipo de preconceito ou julgamento por parte das pessoas por eu ser um dos proprietários da academia. Mas no meu caso, até onde eu sei, não houve falatório nem qualquer tipo de preconceito com minha pessoa. Pelo contrário, algumas pessoas que moravam ou trabalhavam no bairro ficaram sabendo que o "Vítor Gaúcho" (meu nome artístico na época de ator) estava trabalhando na academia e, por conta disso, algumas pessoas iam até o local para me conhecer pessoalmente. Modéstia à parte, sou bom vendedor e a academia também era bem ajeitada, então o que eu achava que poderia me prejudicar na realidade acabou me ajudando.

Houve situações que eu achava engraçadas, como algumas vezes em que eu estava prestando informações na academia sobre planos e formas de pagamento, volta e meia alguém fazia o seguinte comentário: "Tenho a impressão que te conheço de algum lugar!".

E eu respondia dizendo que tinha um rosto familiar e que várias pessoas me diziam a mesma coisa. Mas no decorrer da conversa a pessoa, preenchendo o contrato, de repente exclamava que já sabia de onde ela me conhecia e abria um sorriso, dando a entender que já tinha visto alguns dos meus filmes.

Grande parte dos alunos que frequentavam a academia de alguma maneira sabia que eu tinha sido ator pornô, por conta disso eu buscava ter uma postura bem profissional, até porque vários casais treinavam na academia. Acredito que consegui transmitir respeito e confiabilidade para as pessoas por meio da minha conduta. Posso dizer que havia também uma relação de amizade com os alunos e alguns até pediam para eu contar como era o cotidiano desse universo de filmes adultos, fazendo perguntas sobre atrizes, atores, bastidores de uma gravação etc. Enfim, é um tema que mexe com a curiosidade de várias pessoas. Então, eu conversava com o pessoal, mas sem ficar me alongando no assunto. Contava uma coisa ou outra mais descontraída e em seguida eu puxava outro assunto.

Um fato inusitado

Um dia ocorreu um fato inusitado comigo na academia e achei que ia ser o meu fim. A parte da frente da academia era toda envidraçada, com um vidro transparente, e quem passasse pelo lado de fora conseguia ver a recepção e a sala de musculação. Pois bem, estava eu na recepção e vejo passar bem devagar uma viatura da polícia, com os policiais olhando em direção à academia. Passaram-se alguns minutos e notei que aquela mesma viatura parou em frente ao local, com os policiais apontando para mim. Para complicar ainda mais a situação, estacionou uma segunda viatura e os policiais desceram dos carros e vieram em minha direção. Quando chegaram na recepção, um dos policiais me fez uma pergunta: "Você é o Vitor Gaúcho?"

Naquele momento achei que fosse o meu fim e fiquei por uns dois segundos em silêncio. Nesse período pensei comigo:

"Devo ter feito cena com a filha, namorada ou irmã de um desses policiais e agora 'o bicho vai pegar' pro meu lado". E para deixar mais dramática ainda aquela situação, lembrei que meses antes de parar de gravar eu tinha feito cena com uma atriz que dias depois nos contou que tinha um pai capitão da polícia. Se era verdade ou não, eu não sei. O fato é que os atores começaram a ficar receosos e não queriam mais fazer cenas com ela. Então, após se passarem esses dois segundos, a minha resposta ao policial foi a de que um dia já tinha sido o "Vitor Gaúcho", mas que eu já não era mais esse personagem.

O policial que me fez a pergunta então abriu um sorriso e comentou com os outros policiais, exclamando: "Eu disse, eu disse que era ele mesmo!". E os outros policiais que estavam presentes (cerca de sete ou oito) também abriram um sorriso, falaram com entusiasmo que eram meus fãs e que o pelotão acompanhava e assistia aos filmes que eu fazia.

Então, eu, bem mais aliviado, agradeci a eles pelo carinho e admiração pela minha pessoa, expliquei que tinha parado de gravar pornô e que atualmente estava empreendendo como proprietário da academia. Na sequência, fizeram umas perguntas sobre algumas atrizes, o que eu achava delas, das preferidas deles e, por fim, me deram um abraço, apertos de mãos e foram embora. Era algo normal para mim ser abordado por algumas pessoas, pois, como já mencionei anteriormente, esse assunto atiça e mexe com a curiosidade de muitas pessoas. Essas abordagens eram comuns na época em que eu filmava e, mesmo após eu já ter parado de gravar há alguns anos, várias pessoas de diferentes classes sociais e profissões me abordavam para dizer que assistiam a meus filmes e me admiravam pelo trabalho que fiz como ator.

Na época em que eu ainda filmava, achava legal e via como um elogio e sinal que eu era um bom ator, e isso alimentava o ego. Já quando parei de gravar, e com o passar do tempo, com mais consciência e maturidade, percebi que, sem me dar conta e de maneira inconsciente, estava sendo usado pela sombra, pelas energias sombrias do submundo e isso me proporcionou um dese-quilíbrio, tanto na minha vida como na vida de outras pessoas, pois por meio da minha imagem e conduta nas cenas acabava por influenciar algumas pessoas com uma visão deturpada em relação ao sexo, porque as relações sexuais estavam distorcidas ali no vídeo e não mostram a verdadeira essência da troca sexual entre duas pessoas. A partir disso, me fiz algumas perguntas:

Qual legado quero deixar nesta vida?

Qual exemplo quero passar para as pessoas?

O que estou fazendo de bom para mim e para outras pessoas?

O que vou fazer com essa experiência que tive como ator? Vou deixar isso quieto e não compartilhar com ninguém ou vou transmutar essa experiên-cia em um aprendizado que vou poder ajudar as pessoas a não caírem nessa armadilha, nessa ilusão que acaba prejudicando e escravizando as pessoas?

Afinal, a indústria pornô prejudica tanto as pessoas que trabalham nela como as que assistem e se viciam nesse tipo de conteúdo.

Então resolvi relatar em livro essa experiência, mostrar fatos e consequências que vivi e presenciei nessa indústria, já que, antes sem perceber, inconscientemente, estava sendo usado pelas sombras. Agora, com mais consciência e lucidez e ter conseguido transmutar essa experiência em aprendizado, busco ser um ins-trumento a serviço da luz. Com melhores atitudes, busco fazer e promover coisas que possam contribuir positivamente com o meu progresso e com o progresso de outras pessoas, fazendo realmente valer a pena a minha passagem por esse planeta e deixar um rastro de luz por meio dos bons exemplos.

Com essa experiência, como empreendedor, sócio da aca-demia, consegui recriar e modificar a minha vida para melhor. O universo é tão generoso que nos proporciona essa condição e a academia, além de ter gerado bons frutos financeiros, também me proporcionou novas experiências com aprendizados gratificantes, agregando coisas boas na vida de várias pessoas que por lá passaram, promovendo empregos para os profissionais da academia e contribuindo positivamente com a saúde e o bem-estar dos alunos prestando bons serviços a eles.

Sonhos

Mesmo já tendo parado de gravar filmes adultos, nos primeiros anos eu frequentemente sonhava que ainda estava gravando. Em alguns desses sonhos eu estava no set de gravação, já pronto para entrar em cena, quando o diretor dava a ordem para eu entrar e, caminhando em direção da atriz, me lembrava que tinha parado de filmar. No próprio sonho eu dizia para mim mesmo: "O que estou fazendo aqui? Eu já parei de gravar! Não sou mais ator pornô!" E então acordava.

Sonhei várias vezes com esse mesmo sonho, mas não era algo que me incomodava, pois não tinha me arrependido de ter parado de gravar filmes adultos. Muito pelo contrário, vejo que tomei a decisão correta para a minha vida e acredito que esse sonho possa ter sido o meu subconsciente me desligando dessa experiência que eu tive como ator pornô.

Jantar indigesto

Estava em uma cantina no bairro da Mooca, jantando com uma moça chamada Fabiana, que recém havia conhecido. De repente, dois rapazes vieram até a mesa onde estávamos e se apresentaram dizendo serem meus fãs. Disseram que curtiam assistir a meus filmes e me pediram permissão para tirar uma foto junto deles. Fabiana me olhou com cara de surpresa. Levantei e tirei uma foto com eles. Na sequência, me agradeceram e voltaram para a mesa onde estavam acompanhados por outras pessoas.

Fabiana, sorrindo, comentou: "Não sabia que você é ator! Quais filmes que você já fez? Você também já fez alguma novela?" Então, disse a ela que não havia feito nenhuma novela, mas que já havia feito vários filmes e que provavelmente ela não tinha visto nenhum deles, pois não eram filmes convencionais e sim filmes adultos. Naquele mesmo instante ela tirou o sorriso do rosto e, com o tom de voz mais sério, perguntou por que eu não havia contado sobre eu ser um ator pornô. Respondi que eu não filmava mais filmes adultos, que já havia parado de gravar há alguns anos e que eu iria abordar sim esse assunto com ela, mas, por se tratar do nosso primeiro encontro, eu iria deixar para outro momento mais oportuno. Ela então respondeu dizendo que não estava zangada comigo, mas surpresa com o fato de eu ter sido um ator pornô. Pediu para pedirmos a conta e conversarmos em outro lugar, pois ela se sentia desconfortável naquele ambiente por perceber que, além daqueles dois rapazes que vieram conversar e tirar foto comigo, outras pessoas também estavam olhando para a nossa mesa.

Geralmente busco tratar as pessoas com cordialidade e dar atenção, por saber que esse tema atiça a curiosidade, mas por outro lado as pessoas têm que ter bom senso e saber avaliar se o momento é apropriado. Por exemplo, quanto a esses dois rapazes que vieram me abordar, entendo que tiveram uma atitude inconveniente, afinal eu estava acompanhado e eles não tiveram bom senso de avaliar a possibilidade de a moça que estava comigo saber ou não que eu era ou que já havia sido ator de filmes adultos. Mesmo que ela soubesse, vejo que foi uma postura deselegante em abordar esse assunto comigo naquele momento pelo fato de eles não saberem se a pessoa que estava comigo era sensível sobre isso.

Fabiana e eu então fomos conversar em um ambiente mais reservado. Ela expôs para mim o que já estava pensando sobre essa situação e disse que, por ela, não haveria problema em se envolver comigo, mas caso começássemos a namorar, ela teria receio de me apresentar para sua família e eles saberem do meu passado atuando em filmes adultos.

Eu entendo que, para a pessoa que está comigo, não deve ser fácil quando alguns colegas, amigas, familiares ou até mesmo pessoas desconhecidas comentam que já assistiram a alguns filmes que eu fiz. Mesmo não falando diretamente a ela, é sabido que existem alguns comentários, independentemente se assistiram ou não a alguma cena minha. Vale ressaltar que nem todos os comentários são maldosos, com a intenção de prejudicar a minha pessoa ou a relação. Por outro lado, às vezes, existem alguns comentários maldosos de algumas pessoas, cheios de julgamento, dizendo: "Como ela se presta? Como ela tem coragem de estar com um cara que já fez filme pornô?"

Particularmente não me incomodo de as pessoas saberem que eu já fiz pornô, até porque tenho consciência que algumas pessoas irão fazer um pré-julgamento sobre mim. Mas eu não me importo com os falatórios, pois sei hoje quem eu sou. E caso aconteça algum preconceito, o problema não é meu e sim da pessoa que está me julgando.

No caso da Fabiana, nos envolvemos por alguns meses, mas ela não chegou a me apresentar para seus familiares e amigos próximos. Em compensação, em outros relacionamentos, as mulheres com quem eu me envolvi, com quem eu namorei, me apresentaram sim para seus familiares e amigos sem se importar com os possíveis comentários que pudessem surgir, pois conseguiam administrar bem essa questão.

CAPÍTULO V

A ENERGIA SEXUAL

O principal fator que me motivou a entrar na indústria pornô foi a real possibilidade de gravar com belas mulheres, não que o dinheiro também não fosse um fator importante, mas o meu principal motivo era o sexo. Porém, atuando na indústria, percebi que o sexo não estava sendo motivo de alegria e satisfação, mas sim de cansaço. Sentia-me esgotado e fragmentado. Por mais sexo que eu tinha, ainda sendo pago para transar com belas mulheres e paralelamente na minha vida privada, fora das câmeras, também era regada pelo sexo casual, não me sentia feliz e pleno, pelo contrário, minha sensação era de angústia e pelas observações e conversas que eu tinha com alguns atores e algumas atrizes, o sentimento era parecido.

Certa vez estava eu e outro ator com quem eu tinha bastante amizade na época e estávamos prestes a entrar em cena, e ele respira fundo e diz: "Não estou mais aguentando fazer essa porra. Estou me sentindo um robô. Não aguento mais isso. Prefiro descarregar um caminhão cheio de botijão de gás em pleno sol do meio-dia no Rio de Janeiro a continuar filmando!". Na hora até achei engraçada a forma do desabafo dele, pois descarregar um caminhão lotado de botijão de gás em pleno sol do meio-dia, em uma cidade quente igual ao Rio de Janeiro, não é moleza, mas eu compreendia o que ele estava sentindo, pois eu só não tinha parado de gravar ainda por causa da grana que eu ganhava como ator. Se quando entrei na indústria pornô o principal fator era pelo sexo, agora o principal fator era o dinheiro.

Estávamos filmando em um sítio em Mairiporã, interior de São Paulo, era tarde da noite e a maioria da equipe já estava dormindo. Acordamos ao ouvir um dos atores chorando desesperadamente, pedindo para levá-lo embora. Tentaram acalmá-lo e o diretor disse que pela manhã o levaria para São Paulo. Mas esse ator insistiu que queria ir embora, pois não estava mais suportando gravar pornô, insistindo que o levassem embora para São Paulo naquele momento, pois não estava conseguindo ficar naquele ambiente. O diretor, então, pediu para que alguém da equipe da produção o levasse para São Paulo. Detalhe que esse era um ator "casca-grossa", acostumado com a pressão das filmagens, e teve esse surto, e realmente aquele foi o último dia dele como ator pornô.

Outro fato que eu observava era que geralmente as mulheres que começavam a trabalhar na indústria pornô eram jovens entre 18 e 20 anos e que também, na sua grande maioria, recém haviam começado a trabalhar como garotas de programa. Era nítida a aparência delas quando começavam a trabalhar na indústria do sexo e a mudança no decorrer dos meses, pois quando entravam na indústria exibiam uma aparência saudável, com vitalidade e em poucos meses era visível a aparência mais sugada e com menos brilho. Era visível também essa mudança na aparência dos atores.

Teve outro dia em que eu estava gravando em uma ilha particular em Ubatuba e, enquanto a atriz que eu iria gravar realizava o ensaio fotográfico individual, eu estava aguardando sentado na areia, olhando o mar. Nisso, um dos atores que também estava participando das filmagens senta do meu lado, pega um cigarro do bolso da camisa, acende e fuma em silêncio. Terminando o cigarro, ele olhou para mim e disse: "Pois é, Vitor, as pessoas que assistem a esses filmes nem imaginam a bucha que é isto aqui. Estamos aqui nesse lindo cenário natural de praia, com sol, areia branca, mar azul-esverdeado e com aquelas lindas garotas que vamos transar. Mas é uma sensação desconfortável que a gente sente, né!? Parece que a gente não consegue se conectar e curtir a beleza desse lugar". Concordei com ele, dizendo que a sensação que eu estava tendo era semelhante à dele.

Nós até que tínhamos alguns momentos descontraídos e divertidos e dávamos algumas risadas, pois havia amizade entre alguns atores, atrizes e o pessoal da produção — conheci pessoas boas e de bom coração. Porém, digo para vocês que, no geral, a indústria pornô não é feliz e benéfica para as pessoas que se envolvem nela.

Anos depois, após eu ter parado de gravar, comecei a estudar e ter consciência do que é a Energia Sexual e sua importância em nossas vidas e, a partir daí, entendi que não era por acaso que eu e tantos outros atores e atrizes tínhamos aquela sensação pesada, pois, além da pressão da alta performance exigida durante as cenas, sem nos darmos conta estávamos fazendo mau uso dessa energia, pois o sexo desmedido, o sexo pelo sexo, tira a energia vital da pessoa, em vez de repor, levando a pessoa à exaustão. Pode ter prazer físico momentâneo, mas tem o desprazer da falta de plenitude espiritual e emocional, causando sensação de angústia e de inexistência.

Somado a isso, durante a atividade da indústria pornô, é formada uma egrégora com uma frequência vibracional baixa e densa, convidativa para os obsessores espirituais sugarem a energia sexual dos que trabalham nessa indústria do sexo e, assim, desvitalizando ainda mais os envolvidos.

Estes foram apenas alguns exemplos que citei entre várias conversas e fatos que presenciei nesse meio.

A energia sexual é a energia mais poderosa e sagrada que o ser humano carrega consigo, pois é a energia da criação — e não falo aqui apenas em relação à geração de outro ser, mas também da criatividade em geral, na criação de ideias, projetos, *insights*, trabalhos, estudos, entre outros. É uma energia que nos fornece ânimo, coragem, vitalidade, força de vontade, satisfação e alegria de viver.

A energia sexual é produzida pelo chacra sexual — ou também conhecido como chakra genésico —, que é associado à gênese (a criação). Esse centro energético fica localizado na altura do baixo ventre, no sacro, e se estende até os órgãos sexuais, sendo responsável pela procriação da espécie e do prazer sexual. O chacra sexual está relacionado com nossa criatividade e também com nossas emoções, pois por meio dele são enviadas ondas de criatividade para o cérebro e para os corpos sutis como um todo (etérico, astral e mental), e seu elemento água representa as emoções e as profundezas do subconsciente do ser humano. No campo físico, está ligado às gônadas, responsáveis pela produção dos hormônios sexuais, sendo no homem nos testículos e na mulher nos ovários. Também tem importância no funcionamento da bexiga e rins.

Quando esse chacra está em desequilíbrio pode causar problemas nas glândulas suprarrenais e rins, além de tumores na bexiga, podendo também causar desestabilidade emocional, angústia, bloqueios criativos e paranoias, e a pessoa vai perdendo o prazer de viver. Acarreta também uma sexualidade perturbada, pois quando esse chakra está pouco energizado pode levar o indivíduo a ter sentimentos de culpa e negatividade em relação ao sexo, causando impotência sexual no homem e frigidez na mulher. Por outro lado, quando o chacra sexual está excessivamente energizado pode levar a pessoa a ter compulsão sexual com vício em sexo e pornografia. Porém, quando equilibrado, a pessoa se torna criativa, próspera e demonstra entusiasmo, tem boa autoestima e relaciona-se bem com as pessoas e consigo mesma, sejam eles relacionamentos de ordem familiar, amizades ou amorosos.

O chacra sexual age em conjunto com o chacra básico, enviando ondas de sensualidade, quando eles estão energeticamente equilibrados, estimulam o melhor funcionamento dos outros chacras, ajudando no despertar da *kundalini* (energia que fica alojada na base da coluna vertebral). Podemos dizer então que o chacra sexual representa a energia criadora e libertadora, é a força inspiradora e criativa da vida em movimento.

É importante observar que podemos direcionar esse poderoso fluxo energético não apenas para o ato sexual, mas também transmutar essa energia direcionando-a para o esporte, a criação de um livro, músicas, roteiros de filmes, peças teatrais, invenções tecnológicas, entre tantas outras coisas que o ser humano pode criar e desenvolver.

A energia sexual, por si só, pode ser considerada pura, e o que a torna maléfica ou benéfica é a forma como ela é utilizada e como é direcionada. Por isso, é tão importante a pessoa ter consciência de todo o processo energético envolvido em um ato sexual. Está totalmente enganado quem somente enxerga o sexo como um acontecimento físico-carnal.

Estudos bioenergéticos mostram que a maior troca de energia de uma pessoa com a outra ocorre pelo sexo. Em um ato sexual, é pura energia que está sendo trocada. Querendo ou não, o campo energético das pessoas envolvidas fica aberto, provocando uma espécie de fusão energética. Por meio dessa mistura — troca de fluidos — é formado um fio energético que, independentemente da distância que possam estar depois, os deixa conectados por meses. Dessa forma, acabam compartilhando e permanecendo com parte dessa energia um do outro por esse período.

A partir dessa compreensão, a pessoa deve ficar bem atenta com quem vai fazer sexo, ou seja, com quem fará suas trocas energéticas, pois se a pessoa com quem está transando estiver passando por processos de desequilíbrio psíquico ou emocional — depressão, angústia, melancolia, estresse, crise de pânico, vícios, entre outros sintomas negativos —, a pessoa que se envolveu sexualmente com ela também poderá manifestar parte desses sintomas.

Agora imaginem a "suruba energética" que era a minha vida enquanto atuava na indústria pornô. Antes de me tornar ator, eu transava em média com umas sete ou oito mulheres diferentes durante o ano, o que provavelmente pode ter me causado alguns desequilíbrios, mas nada comparado com o que vivi na indústria pornô, pois eu fazia várias cenas durante o mês. Com cada atriz que eu transava, meu campo de energia se conectava com o dela e vice-versa. Porém, por meio desse fio energético que estava nos ligando, eu também passava a estar conectado aos campos de energia de todas as pessoas que essa atriz havia feito sexo durante aquela janela de meses, assim como essa atriz também estava se conectando com todas as pessoas com as quais eu havia feito sexo nesse período. Assim, todas as pessoas que fizeram sexo comigo ou com essa atriz estarão conectadas energeticamente por meio de seus campos de energia.

É importante observar o fato de serem tantas influências de emoções e sentimentos de outros que a pessoa pode até perder o senso de identidade, muitas vezes ficando com a autoestima e a autoconfiança abaladas, sem motivação, foco e inspiração para realizar novos projetos de vida (e em alguns casos também ganhando até a companhia de obsessores espirituais), afetando negativamente seu bem-estar e sua prosperidade em geral.

O que se tem que observar é que nem toda energia é boa e, em vez de ter tido uma relação nutritiva e benéfica, acaba por agir em você como um vampiro energético, sugando a sua energia, deixando-o esgotado e desequilibrado nos campos emocionais e psíquicos. Com o tempo, o sexo acaba não sendo mais motivo de alegria e vigor, e sim de cansaço. É por esse motivo que devemos ter certo cuidado com as pessoas que nos relacionamos sexualmente.

Pessoas que têm o hábito de se relacionar sexualmente com vários parceiros constantemente não conseguem identificar se a energia daquela pessoa que ela está saindo é boa ou ruim, equilibrada ou desequilibrada. Já a pessoa que opta por um parceiro fixo, sem essa rotatividade constante de parceiros sexuais, consegue identificar melhor se a energia da pessoa com quem está transando está lhe fazendo bem ou não.

É preciso perceber se o teor vibracional da energia de seu parceiro está sendo benéfica ou maléfica para você, pois, por mais que se possa gostar de uma pessoa, temos que avaliar como nos sentimos após nos relacionarmos sexualmente com ela. Se ficarmos excessivamente cansados e com pouca interação com esse(a) parceiro(a), provavelmente essa fusão energética não está sendo benéfica. Por outro lado, se após o ato sexual sentimos vitalidade, sensação de bem-estar, leveza, criatividade e fluidez de ideias, podemos considerar uma boa interação com esse(a) parceiro(a), com uma fusão energética produtiva e benéfica, ativando e nutrindo os chacras (centro energéticos), proporcionando vitalidade ao casal envolvido.

Uma sugestão que indico, caso não esteja namorando e for ter um sexo casual, é saber avaliar e se perguntar se vale a pena colocar seu bem-estar em risco por um prazer momentâneo. Não estou dizendo que a pessoa só deve transar se estiver namorando, mas prestar atenção com quem se faz suas trocas energéticas porque, como já foi explicado anteriormente, trazemos para nosso campo de energia parte da energia dessa pessoa, e isso inclui harmonia ou desarmonia para nossas vidas.

Desperdiçar energia sexual de maneira excessiva e compulsiva, tendo vários parceiros sexuais simultâneos, provoca um esvaziamento energético na pessoa, comprometendo seu foco produtivo, prejudicando-a em seu trabalho, em seus projetos, seus estudos etc., pois direciona e gasta essa libido (essa força criadora) em prol dos desejos, dos seus instintos mais primitivos, por meio do sexo desmedido, do "sexo pelo sexo", deixando a pessoa desvitalizada, sem vontade, sem aquele tesão para realizar coisas produtivas em sua vida.

Já quando a energia sexual é bem direcionada e o ato sexual agregado com bons sentimentos, com laços afetivos mais profundos, ela se torna um combustível para atingir prosperidade e plenitude para o casal envolvido, pois essa libido unida com bons sentimentos vitaliza a pessoa, proporcionando criatividade, coragem, alegria de viver, vontade de vencer e de conquistar vitórias na vida.

Equilíbrio sexual

A energia sexual não pode ser reprimida, pois pode causar uma sensação de carência para a pessoa, levando a uma falta de ânimo, motivação, tesão ou vontade de progredir na vida. Por outro lado, usar a energia sexual de maneira excessiva e compulsiva, com diversos(as) parceiros(as) simultaneamente, deixa a pessoa desvitalizada energeticamente. Por isso, é importante aprender a direcionar bem a energia sexual, usando-a em equilíbrio. Além disso, não deve ser reprimida ou excessiva, pois os extremos causam desequilíbrio.

Existem estudos científicos e publicações diversas que mostram a importância da energia sexual em nossas vidas. No best-seller *Quem pensa, enriquece,* do autor Napoleão Hill, há um capítulo dedicado à energia sexual em que relata a importância que as pessoas mais prósperas da época — e que contribuíram positivamente com o desenvolvimento da humanidade — davam a essa energia. Geralmente pessoas prósperas e autorrealizadas, e que realizam coisas positivas em prol do coletivo, dão grande importância para a energia sexual.

É importante ressaltar que entendo a ideia de prosperidade como um todo, não como sendo apenas riqueza material, financeira ou sucesso e fama. É muito mais além, pois engloba também a evolução espiritual, vitalidade, saúde, boas amizades, bons relacionamentos, equilíbrio emocional, bem-estar, uma positiva contribuição para a sociedade e qualidade de vida em geral.

Vício em pornografia digital e seus malefícios

A neurociência tem apresentado estudos que mostram os danos causados pela pornografia digital no cérebro das pessoas. Ela tem sido comparada a uma droga injetada no cérebro por meio dos olhos. Além disso, pelo consumo excessivo de pornografia, o cérebro começa a produzir grande quantidade de dopamina — nesse caso, por estímulos sexuais frequentes — e isso acaba por saturar seus receptores.

A dopamina regula o núcleo da parte mais primitiva do cérebro que, segundo os neurocientistas, é chamado de "o ciclo da recompensa" — no qual experimentamos prazeres —, mas também é nele que mais facilmente se desenvolvem os vícios. Então, podemos ver isso acontecendo o tempo todo no ciclo da pornografia. Você vê pornografia e se satisfaz, mas ai vai ficando comum. A partir disso, você vai tendo a necessidade de assistir a mais e mais, com novidades, coisas diferentes, pois o filme com sexo convencional não é mais suficiente. A pessoa, então, começa a assistir a cenas de sexo cada vez mais pesadas e tem uma necessidade de assistir a várias cenas simultaneamente, abrindo várias janelas na tela do computador com outras cenas de sexo. A pessoa assiste a cinco minutos de uma cena e depois vai para outra e depois outra e assim sucessivamente, semelhante a uma droga, e assim vai tendo a necessidade de desenvolver cada vez mais dopamina, afetando a plasticidade neuronal (que se refere à capacidade adaptativa do cérebro), pois nesse caso começa a buscar prazer na mesma direção. Quanto mais a pessoa envia dopamina para o cérebro com pornografia, mais vai construindo no cérebro caminhos neurais, como se fosse uma estrada que vai crescendo, se expandindo e tomando lugar das outras estradas em seu cérebro que o levavam a caminhos melhores em relação à vida. Dessa forma, a pessoa começa a viver em função do seu vício e, por consequência, todo o resto da vida dela fica comprometida, pois não consegue ter foco em seus compromissos profissionais e pessoais. Vai se prejudicando profissional e financeiramente e em sua vida afetiva.

A pessoa viciada em pornografia dificilmente consegue se relacionar de forma saudável, pois enxerga o modelo ideal de sexo nas atrizes e nos atores pornôs. Não se dá conta que aquilo tudo é uma ilusão e vai perdendo a noção dos valores humanos, tornando difícil de levar adiante um relacionamento saudável ou até mesmo começar um relacionamento.

A pessoa viciada tem picos de ansiedade e depressão, vai transar algumas poucas vezes e logo perderá o tesão e o interesse com quem está se relacionando, pois quando o sexo é na vida real não tem telas de computador para fornecer estímulos de dopamina, e a pessoa viciada passa a ter dificuldades em manter uma relação sexual saudável, já que o modelo ideal para ela são as cenas de sexo virtual, pois no computador a pessoa assiste a várias cenas ao mesmo tempo e na vida real, por mais que seu(sua) parceiro(a) se dedique em agradar, a pessoa viciada em pornografia não consegue ter estímulo de dopamina suficiente.

Para se livrar do vício da pornografia digital é recomendado, obviamente, parar de assistir a filmes desse gênero, permitindo uma regeneração da neuroplasticidade do cérebro, criando novos neurônios e naturalmente surgindo novas e saudáveis conexões por meio das mudanças de hábito. Assim, O cérebro começa a excluir aquelas imagens pornográficas e a absorver coisas úteis e benéficas

É na realidade uma reiniciação, uma renovação da mente, construindo uma nova estrada (caminhos neurais) no cérebro da pessoa, mas que agora levará para caminhos mais saudáveis e produtivos. Essa estrada vai crescendo, se expandindo e, assim, destruindo e tomando lugar daquela estrada que estava o levando para um caminho de vícios e sofrimento, pois a plasticidade neuronal tem essa capacidade adaptativa do cérebro.

Vendo essa questão com um olhar mais holístico, além de considerar os aspectos médico-científicos, a energia sexual está estritamente ligada com a nossa mente, pois é a energia da criação (como já mencionado) e essa energia bem canalizada, em acordo com a mente, pode fazer maravilhas. Mas quando não é bem direcionada, pode gerar graves distúrbios. Se os nossos pensamentos estiverem muito densos, muito ligados apenas na parte física, não conseguiremos direcionar essa energia para uma forma correta e equilibrada. E é assim que surgem os excessos, como muita masturbação e muito desejo por sexo; por meio desse desequilíbrio, pelo excesso de masturbação, acaba desperdiçando e jogando fora essa energia tão preciosa.

Ademais, por a frequência vibracional estar baixa e densa, podemos inclusive atrair obsessores, entidades do submundo que vão sugando essa energia sexual do indivíduo, pois essas entidades vampirescas vão se alimentando das sensações que a pessoa vai tendo por meio das visualizações dos filmes pornográficos.

Todo esse quadro vai instigando a pessoa a permanecer no vício e, como consequência danosa e negativa, a pessoa vai ficando exaurida energeticamente, sem vitalidade, sem ânimo e sem alegria de viver. Passa a ser um forte obstáculo para a realização de coisas construtivas para a sua vida e para sua prosperidade em geral, entrando em um buraco existencial em que é grande o prejuízo em sua vida espiritual e material.

Quando vier algum impulso para assistir a pornografia novamente, eu sugiro que a pessoa se faça esta pergunta: "Como eu me sinto após me masturbar assistindo a pornografia?" Na sequência, mude e eleve a sua frequência vibracional — por exemplo, com meditação, ouvindo mantras, músicas espirituais e de alto astral, assistindo a um bom filme de comédia ou romance e se imaginando vivendo bons relacionamentos afetivos, direcionando seus pensamentos em algo que poderá trazer coisas positivas para a sua vida.

Como já comentado no capítulo anterior, é importante observar que podemos externar e manifestar nossa energia sexual não só pela masturbação ou pelo sexo — pois a energia sexual é a energia da criação — podemos criar tanto no sentido físico quanto no sentido imaterial. Ou seja, essa energia pode ser tanto para produzir outros seres quanto na produção imaginativa da nossa mente criativa. Podemos então gerar muitas coisas por meio dela. Então, quando surgir alguma compulsividade por sexo ou masturbação, podemos canalizar e direcionar essa energia transmutando-a, praticando alguma atividade física, meditando, criando e desenvolvendo ideias, artes em geral, ou com estudos, novos projetos, enfim, podemos criar e fazer coisas maravilhosas com essa energia poderosa e sagrada.

Não estou dizendo que a masturbação é algo maléfico. Nada disso. Até porque, quando realizada de maneira equilibrada, sem exagero, sem vício, é benéfica para a saúde, para a fisiologia humana, pois também é uma forma de a pessoa se conhecer sexualmente, além de servir como desacumulo de energia. O problema é o exagero, quando a pessoa fica escrava do vício, é dominada, sem ter controle sobre si mesma e começa a gerar prejuízos e desequilíbrios físicos, mentais, emocionais e espirituais em sua vida.

Importante: caso precise de alguma ajuda para sair dessa situação, não fique receoso em procurar ajuda profissional de algum psicólogo ou terapeuta.

Estudos médicos que vêm sendo realizados mostram que há décadas era baixa a quantidade de homens com menos de 40 anos que tinham problemas de disfunção erétil, por causas mais orgânicas (sobrepeso, uso excessivo de bebidas alcoólicas, drogas, cigarros, entre outros) e problemas ligados à saúde mental (depressão, ansiedade e estresse). Já estudos mais recentes mostram que a quantidade de homens com alguma disfunção erétil abaixo dos 40 anos aumentou de maneira significativa, com grande parcela entre adolescentes. Esse problema foi detectado porque muitos adolescentes e jovens começaram a frequentar consultórios médicos de urologia e nos exames feitos não constavam nenhum problema orgânico. Os médicos então descobriram, por meio de conversas com esses jovens e adolescentes, que eles tinham o hábito de assistirem a pornografia digital diariamente. Há inclusive relatos de alguns que começaram a ter acesso e consumir pornografia digital a partir de 9 anos de idade. Começaram então a transferir esses jovens e adolescentes para serem atendidos em consultórios psicológicos para auxiliar no tratamento, pois o problema não era orgânico e sim de ordem psicológica, causados pelo vício em pornografia.

Antes do surgimento da internet, para as pessoas assistirem a pornografia, era necessário alugar fitas cassetes ou DVDs nas videolocadoras e muitos homens ficavam com vergonha de locar por causa da exposição. Alguns acabavam fazendo uma assinatura de algum canal pornô na TV a cabo. Então, o consumo desse tipo de conteúdo era mais limitado.

Já com o avanço tecnológico da internet rápida e dos aparelhos digitais de celulares, notebooks e tablets, ficou muito mais fácil ter acesso a esses conteúdos, pois qualquer um pode entrar, acessar e ter à sua disposição gratuitamente uma quantidade enorme de sites. Porém, isso tem aumentado assustadoramente o número de pessoas viciadas em pornografia — principalmente de homens, pois são os que mais assistem.

Na fase da adolescência é até normal dar uma extrapolada na prática da masturbação, isso porque o adolescente tem excesso dessa energia que estava adormecida e está se conhecendo sexualmente. Para esse adolescente é normal — e até saudável — essa extrapolação durante essa fase da vida, mas que seja por meios naturais, sem o vício em pornografia digital, até porque a pessoa quando assiste a um pornô desde cedo, além dos malefícios causados para si próprio, já cresce com uma distorção em relação ao sexo.

Algumas pessoas, eventualmente, chegam a assistir pornografia e não se viciam, mas devem ter a consciência de que, dessa maneira, estão alimentando a indústria pornô, fortalecendo as consequências perniciosas descritas anteriormente.

Em decorrência disso, as cenas vêm se tornando cada vez mais agressivas e muitos atores ficam dependentes de drogas cada vez mais fortes para terem ereção, inclusive aplicando injeções penianas para poderem ficar por várias horas de p... duro. Alguns acabam tendo problemas de impotência sexual crônica devido ao uso abusivo desses medicamentos.

As atrizes (com raríssimas exceções) são praticamente obrigadas pela indústria a fazerem sexo anal, DP, e algumas atrizes inclusive chegando a fazer DP anal e triplo anal (dois ou três pênis no ânus ao mesmo tempo), além de usarem produtos anestésicos e tomarem vários relaxantes musculares para poderem "aguentar o tranco". Com isso vão se estourando e se arrebentando.

O público exige cada vez mais perversidade nas cenas, talvez sem nem imaginar o sofrimento das atrizes e dos atores. Tanto os consumidores de pornografia como atores, atrizes e diretores ficam escravos desse sistema viciante e vão perdendo os limites, a serenidade, os valores éticos, o amor próprio e o amor com o próximo, acabando por mergulhar cada vez mais fundo, buscando níveis cada vez mais altos de perversidade. Vão enlouquecendo, sem se dar conta disso.

Procurei em alguns dicionários o significado e a definição para as palavras *vício* e *pornografia*. Vamos a eles:

- VÍCIO: Falha ou defeito, hábito repetitivo que degenera ou causa algum tipo de prejuízo ao viciado e aos que com ele convive. Pode-se dizer que a pessoa fica viciada em função da ausência de prazer e satisfação nas relações sociais, relações amorosas e relações de trabalho.

Sinônimos: Defeito, depravação, desmoralização, desregramento, devassidão, falha, falta, imperfeição, inclinação, libertinagem, mania, perversão, propensão, queda.

Antônimos: Decoro, decência, moralidade

- PORNOGRAFIA: Tudo que se relaciona a devassidão sexual, obscenidade, licenciosidade e indecência; Caráter imoral de publicação de materiais que despertam pensamentos sexuais de forma vulgar e explícita.

Sinônimos: Imoralidade, obscenidade, indecência, depravação, descaramento, desonestidade, imprudência, indecoro, despudor, libertinagem, devassidão.

Antônimos: Brio, correção, decência, decoro, dignidade, discrição, distinção, honestidade, honradez, integridade, moralidade, pudor, respeito.

CAPÍTULO VI

REFORMA ÍNTIMA

Vejo que é importante a pessoa assumir as rédeas de sua própria vida, se autoestudando e conhecendo a si próprio. Dessa maneira, a pessoa conscientemente começa a fazer as mudanças que precisam ser feitas em sua vida, passo a passo, gradual e constantemente. O importante é conseguir fazer as mudanças necessárias e evoluir como ser humano. Nesse sentido, o autoconhecimento é fundamental para a reforma íntima.

A pessoa, se autoconhecendo, começa a perceber que tem dentro de si qualidades e defeitos, vícios e virtudes, luz e sombra, e dessa maneira adquire ferramentas que lhe proporcionarão condições de enfrentar com mais clareza os espectros de sua sombra, que são suas próprias falhas internas, seus medos, conflitos, bloqueios e que, na realidade, são seus inimigos ocultos sabotadores. Assim sendo, a própria pessoa vai se autossabotando. A pessoa, adquirindo mais consciência de si próprio, vai aprendendo a utilizar as ferramentas que possui, conseguindo domar e transmutar com maior facilidade suas próprias falhas, medos e conflitos, se curando de processos emocionais e psíquicos do passado, evoluindo com mais suavidade.

A minha pose era de conquistador, mas na realidade eu me sabotava e me impedia de viver relacionamentos afetivos saudáveis. Eu tinha medo. Não tinha autoconfiança para encarar os desafios e as responsabilidades que um relacionamento afetivo exige, desafios que proporcionam chance de a pessoa amadurecer como ser humano. Era mais cômodo, para mim, fazer sexo algumas vezes e "sair fora".

Contudo, isso, no fundo, me gerava frustração por não ter coragem e empenho de levar um relacionamento afetivo adiante. Essa minha atitude causava dor emocional tanto para mim quanto para algumas mulheres com quem eu me envolvia, pois eu transmitia certa expectativa de desenvolver um romance e logo caía fora sem dar justificativa. Isso chegou a gerar mágoas em algumas dessas mulheres. Na época, eu não tinha consciência nem maturidade para perceber que estava causando danos emocionais para mim e para elas, pois inconscientemente eu mascarava minha frustração de não ter estrutura emocional e psicológica para um relacionamento afetivo, dedicando-me ao sexo desmedido. Quanto mais parceiras sexuais eu tinha, melhor eu me achava — estava dominado pelos meus impulsos sexuais.

Então, o pornô foi uma fuga para mascarar essa frustração, pois proporcionava sexo sem precisar me envolver afetivamente. Por conta dessa escolha, eu trilhei um caminho de ilusões que, por consequência, me deixava ainda mais fragmentado psicológica e emocionalmente. Não me sentia feliz e pleno, pelo contrário, sentia um vazio existencial. Por mais sexo que tive — com um número expressivo de mulheres que transei, dentro e fora dos sets de filmagem —, esse foi o período de maior carência afetiva da minha vida e, sentindo essa carência, eu até me aventurei em alguns relacionamentos afetivos. Mas se antes de entrar para o pornô eu não tinha estrutura emocional e psíquica para levar um relacionamento afetivo adiante, imagina então se teria nessa época em que filmei pornô. Por eu trabalhar e conviver nesse meio da indústria do sexo, acabava atraindo e sendo atraído para relacionamentos desequilibrados, pois mesmo gostando da pessoa não eram relacionamentos nutritivos e benéficos para ambas as partes. Muito pelo contrário, eram relacionamentos doentes, que geravam mais carência e desarmonia para ambos, pois além da ausência de valores éticos e da falta de maturidade emocional, também havia os sintomas causados pelo mau uso da energia sexual e das consequências das trocas energéticas por meio do sexo com diversas pessoas por conta da profissão.

É importante ressaltar que não necessariamente todas as mulheres que se relacionaram comigo na época em que gravei pornô eram garotas de programa ou atrizes, mas estavam nessa frequência vibracional mais densa em relação aos seus propósitos afetivos e sexuais, em um modo *"Vida Loka"*, atraídas para esse tipo de relacionamento.

Após eu ter parado de gravar filmes adultos e com o passar dos anos, adquirindo mais maturidade e consciência por meio do meu autoconhecimento, com o auxílio de terapias e estudos holísticos, estou aprendendo a entender e a domar minhas compulsões, meus medos e conflitos internos. E hoje, com uma melhor estrutura emocional e psicológica, após ter conseguido transmutar alguns dos meus processos internos, mudando os padrões dentro de mim por meio de meus pensamentos, sentimentos, sensações e atitudes, comecei a atrair relacionamentos mais benéficos.

Existe um padrão de atração em todas as pessoas. A atração se dá por uma afinidade de interesses, gostos, pensamentos, atitudes e sentimentos, e à medida que fui mudando e elevando minha frequência vibracional por relacionamentos mais construtivos — que além da atração física também fossem adicionados os temperos do amor, ternura, confiança, respeito, admiração, etc. e prazeroso para ambos — então, como no universo nada é por acaso e tudo é regido por leis, comecei a atrair relacionamentos mais construtivos e saudáveis para minha vida.

Hoje busco enxergar a natureza multidimensional de uma mulher, observando o que é importante refletir e perguntar a nós mesmos: "Qual é a verdadeira natureza dessa pessoa que vai ficar comigo agora? Será que ela é só um corpo ou será que é uma pessoa que sonha, que tem sentimentos, que tem planos, que tem família, que tem um espírito, que tem uma alma?". É importante perceber a natureza multidimensional desse ser humano e ter consciência também das várias facetas de uma mulher, pois ela tem seu lado namorada, esposa, seu lado mãe, seu lado filha, seu lado irmã, amiga, profissional etc., ou seja, ela desempenha todos esses personagens.

Então, quando eu me relaciono com uma mulher, preciso perguntar para mim mesmo como gostaria que as mulheres da minha família fossem tratadas em seus relacionamentos afetivos: "Se minha filha estivesse se relacionando afetivamente com alguém, de que maneira eu gostaria que ela fosse tratada pela pessoa com quem ela está se relacionando?" Devemos então também estender essa mesma pergunta para os relacionamentos de nossas irmãs, tias, primas, amigas e também para nossas mães e avós, caso estejam vivendo um novo relacionamento.

Certamente desejamos que elas sejam tratadas com amor, carinho, respeito e admiração. É importante termos essa consciência à medida que queremos que pessoas queridas do sexo feminino do nosso seio familiar e do nosso convívio sejam bem tratadas pelas pessoas com as quais estão se envolvendo, temos que ter também essa mesma atitude com as pessoas com quem nos envolvemos sexual e afetivamente. E uma maneira bem válida que eu aprendi e busco exercer é o equilíbrio e a harmonização da minha energia masculina e feminina.

Energia feminina e energia masculina: polaridades complementares

Todos nós temos essa dualidade (essência masculina e feminina), independentemente do gênero ou da orientação sexual, uma complementando a outra. E várias escolas a estudam. No Taoismo, por exemplo, essa dualidade é simbolizada como *Yin* (feminino) e *Yang* (masculino). Há um ensinamento que diz: *"Tudo no universo é dual; em tudo existe duas partes para poder haver um equilíbrio harmônico"*. Já na psicologia analítica, Carl Jung descreve o arquétipo *animus* — como o lado masculino inconsciente de uma mulher — e o arquétipo *anima* — como o lado feminino inconsciente de um homem. Para que a personalidade fique bem harmonizada, é necessário buscarmos um equilíbrio entre ambos, que seja expresso em nossa consciência e atitudes. Algumas das características principais:

ENTRE A LUZ E A SOMBRA

- *Anima (polaridade feminina):* emoção, sentimento, paciência, sensualidade, ternura, criatividade, acolhimento, interiorização, subjetividade, intuição, detalhismo, flexibilidade, zelo, sutileza, organização, passividade, entre outros.

- *Animus (polaridade masculina):* racionalidade, pensamento lógico, rigidez, objetividade, concretização, enfrentamento desbravador, desafios externos, competição, coragem, liderança, proatividade, entre outros.

Faz-se interessante observar que pessoas que não trabalham a sua parte feminina estão sujeitas a desenvolverem problemas na expressão de suas emoções, sensibilidade e amorosidade. Já aquelas que não desenvolvem a sua parte masculina tendem a ser mais reclusas e a desenvolverem dificuldades de se colocar na vida profissional e de liderança. Quando há o equilíbrio entre as polaridades, a pessoa conseguirá ser ao mesmo tempo racional e objetiva, mas também desenvolve seu lado emocional, sensível e amoroso.

Coloquei aqui uma leve pincelada sobre esse vasto assunto de autoconhecimento, — polaridades masculina e feminina. Se houver interesse, sugiro que pesquise mais sobre o tema, pois vale a pena.

No meu caso, gradualmente comecei a trabalhar na harmonização e no equilíbrio da minha energia masculina com minha energia feminina, sendo um trabalho de auto-observação comportamental dos meus próprios pensamentos e da maneira de eu sentir e expressar meus sentimentos e emoções por meio das minhas ações. É uma auto-observação diária, aprendendo a observar a fluidez da minha energia prevalente masculina e acionando conscientemente minha energia secundária complementar — minha energia feminina — nos momentos em que preciso utilizar dela. É um desenvolvimento, uma temperança, uma dança harmoniosa entre meu *Yin* e *Yang* — polaridades feminina e masculina.

Vale ressaltar que, com o tempo, estou aprendendo a me harmonizar com todas as questões do dia a dia, me relacionando melhor com o mundo. Como consequência positiva, também comecei a entender melhor o universo feminino, o sexo melhorou de maneira significativa e percebi que quando estou por inteiro na relação me comporto como um amante mais vigoroso e fervoroso. Sem perder a força da minha masculinidade, aciono a minha energia feminina, gerando porções de ternura, cuidado e zelo com minha parceira antes, durante e após o ato sexual, tenho a satisfação e a plenitude de estar vivendo o momento por completo. E o relacionamento tende a ser nutritivo, benéfico e mais dura-douro, pois existe o equilíbrio entre o sexo e as virtudes dos bons sentimentos de um com o outro. Independentemente do tempo que dure o relacionamento, sempre é gratificante para ambos.

Por outro lado, quando meus relacionamentos eram basea-dos apenas por atração física, tendo em si apenas o sexo pelo sexo, não me sentia por inteiro. Quando eu gozava, não tinha aquela sensação de plenitude e, após o sexo, queria ficar sozinho. Sentia-me exaurido. Por ser um relacionamento baseado apenas no sexo, sem ter o cultivo de bons sentimentos, transava algumas vezes com a pessoa e, em seguida, ia perdendo o desejo sexual por ela, pois já estava pensando em outras mulheres. Não era à toa que no pornô, por mais bonita e atraente que fosse a atriz, eu fazia algumas poucas cenas com ela e em seguida não tinha mais tesão nem interesse em contracenar com ela. Mesmo utilizando o viagra, eu evitava fazer cenas com a atriz por algum tempo.

Da mesma forma quando a mulher também está em um relacionamento baseado apenas pela atração física, em seguida também perde o interesse pela outra pessoa. Esse era um dos motivos pelos quais me sentia fragmentado.

CAPÍTULO VII

CONVERSA COM O AUTOR

Vitor, no seu tempo de indústria pornô, existia muito consumo de drogas nos bastidores?

Havia atores e atrizes que não utilizavam, mas infelizmente havia outros que sim, não de uma maneira explícita nos bastidores. Muitos diretores pediam para não utilizarem nem levarem drogas nas gravações, pelo medo de haver "batidas" policiais e também para os atores e atrizes estarem sóbrios para desenvolverem bem as cenas.

Mas já cheguei a gravar com atrizes que era perceptível que elas estavam sob efeito de drogas, principalmente a cocaína. Já alguns atores, que sabíamos que também faziam uso de drogas, não utilizavam a cocaína durante o trabalho, pois ela piorava a performance, impedindo de terem ereção. Porém, sabíamos que havia atores que escondido dos diretores fumavam maconha.

A indústria pornô, por si só, já é uma energia pesada, ainda mais com o consumo de drogas, os efeitos negativos e desequilibrantes causavam danos ainda maiores em suas vidas. Infelizmente existem alguns exemplos de atores e atrizes que acabaram se perdendo e até mesmo perdendo suas vidas pelo envolvimento no mundo das drogas. Eu, particularmente, não tive essa relação com as drogas, pois gostava de me envolver com práticas esportivas — musculação e atividades físicas em geral.

Vitor, você se arrepende de ter vivido essa experiência como ator pornô?

Quando me perguntam sobre isso, eu digo que não me arrependo, pois eu quis viver essa experiência e não me coloco como vítima nem vilão. Não fiz mal a ninguém, não roubei nem matei, mas não é algo que me orgulho de ter feito. Hoje não voltaria a gravar pornô, independentemente do valor que me oferecessem, assim como não aconselho a ninguém entrar nessa indústria.

Algumas pessoas têm que passar pela guerra para saber dar valor à paz. Eu tive que passar por essa experiência da indústria pornô para hoje saber valorizar os meus relacionamentos afetivos. Mergulhei fundo nessa experiência do sexo pelo sexo, e digo a vocês que relacionamentos envoltos de bons sentimentos são bem mais gratificantes.

Há um ensinamento que diz: "Uma pessoa inteligente aprende com seus próprios erros, já uma pessoa sábia aprende com os erros dos outros, sem precisar passar pela dor daquela experiência para aprender a lição". No meu caso, em relação ao aprendizado que tive com essa experiência, a melhor maneira que eu encontrei de contribuir para que outros não precisem passar por esse caminho tortuoso foi escrever e publicar este livro e compartilhar os ensinamentos que obtive com essa vivência.

Depois que você deixou a indústria de filmes adultos, aquele universo do pornô desapareceu de sua vida?

Provas e tentações

Na época em que filmei, além das atrizes eu também conhecia muitas garotas de programa, e em algumas ocasiões quando elas atendiam casais, alguns deles tinham o fetiche de querer que outro homem participasse da "festinha". Quando surgia esse tipo de programa, algumas delas me chamavam para participar. Nesses programas, eu transava com a esposa ou a namorada do cliente, além da garota contratada, e era mais uma fonte de renda para mim. Geralmente, as mulheres eram bem atraentes fisicamente e não havia aquela pressão excessiva igual a das filmagens.

Mesmo quando decidi parar de gravar filmes adultos, volta e meia chegavam a mim convites para eu fazer programas com casais e por uns três ou quatro meses continuei fazendo. Mas chegou o momento em que eu também não queria mais continuar com os programas, decidi cortar de vez os laços com o submundo da prostituição e alçar voos melhores para minha vida, parando também com os programas. No decorrer das primeiras semanas, ainda recebi convites de programas, mas por estar convicto da minha decisão não aceitei nenhum deles. Troquei o número do meu celular e coloquei minha atenção e foco ao novo projeto profissional, que foi na época abrir uma academia e que veio a se realizar alguns meses depois.

Assim, passaram-se alguns anos me dedicando profissionalmente ao meu estabelecimento comercial. As coisas estavam indo bem, dando supercerto e me proporcionando uma renda mensal satisfatória para o meu padrão de vida na época. Porém, o Brasil começou a passar por uma crise financeira, que também atingiu o meu estabelecimento, me fazendo passar por um período de dificuldade financeira. Naquela ocasião, inclusive fiquei com a minha conta bancária no vermelho e tendo que pagar juros bancários.

Eis então que eu recebo uma mensagem no meu WhatsApp de uma pessoa que eu não conhecia, me oferecendo um valor de 13 mil reais para eu transar com a esposa dele. Na hora, fiquei surpreso com aquela mensagem, pois não sabia por intermédio de quem ele tinha conseguido meu número de celular e, como mencionei, eu não o conhecia e já havia seis anos que eu havia parado de gravar filmes adultos e fazer programas. Mesmo assim, respondi dizendo a ele que eu não tinha interesse em aceitar a proposta. Alguns dias depois, na mesma semana, recebi uma ligação desse mesmo homem dizendo que sua esposa tinha muita vontade de transar comigo e que ele estaria disposto a pagar 15 mil reais para eu fazer sexo com ela. Pediu para eu passar o número da minha conta bancária e que iria fazer a transferência do dinheiro para minha conta naquele exato momento. Terminou dizendo que sua esposa era uma mulher bonita e fogosa e que eu iria gostar de conhecê-la. Respondi dizendo que eu não iria aceitar a proposta, pois já tinha virado essa página da minha vida, e desejei a ele e à sua esposa luz e sabedoria em suas vidas. Sem mais insistência por parte dele e por conta da minha firmeza e convicção na resposta dada, o assunto se encerrou por aí e finalizamos a ligação. Mas fiquei impressionado pelos valores oferecidos para eu transar com a esposa dele, pois o valor médio de um programa nessa época era em torno de 250 a 300 reais, o que chamou muito a minha atenção.

Um ano depois comecei a me interessar por assuntos do autoesoterismo e fui estudar Kabala Hermética em uma escola holística. No primeiro estágio da Kabala Hermética são transmitidos aos alunos os ensinamentos dos arcanos maiores, que correspondem aos 22 caminhos da árvore da vida, e fiquei surpreso ao receber os ensinamentos do Arcano 13 e do Arcano 15.

A frase do ensinamento do Arcano 13 diz: "Mato em mim o que poderia matar a minha alma e faço nascer o que há de bom em mim". A essência desse ensinamento é para a pessoa matar os antigos hábitos destrutivos e recriar uma nova consciência ética, com hábitos construtivos e ter coerência de pensamentos, sentimentos, palavras e atitudes, fortalecendo e evoluindo a alma. Por outro lado, a falta de coerência com que a pessoa, por meio do pensamento, percebe e tem consciência sobre o assunto e o sentimento coerente com o que se pensa e fala — mas com atitudes diferentes —, você se deixa levar pelos instintos compulsivos e isso causa atrito com os corpos sutis da pessoa, enfraquecendo e retardando a evolução da alma.

A frase do ensinamento do Arcano 15 diz: "Faço da fraqueza minha força". A essência desse ensinamento é para a pessoa não ser escrava de nenhum vício e aprender a dominar as compulsões dos seus vícios e transmutá-los em virtudes.

Vejam a sincronicidade do universo, me dando sinais para continuar trilhando por bons caminhos. Quando me foram passados os ensinamentos do Arcano 13 e do Arcano 15, percebi que, quando eu recebi aquela proposta de programa no valor de 13 e 15 mil reais, eu estava sendo testado pelo universo se eu realmente tinha virado aquela página, para assim poder alçar novos e melhores voos em minha vida, e eu fiquei feliz com a atitude que eu tive naquela ocasião. Por mais que naquele momento eu estivesse precisando daquele dinheiro e por mais bonita e atraente fisicamente fosse a esposa dele, eu me mantive firme e coerente em minhas convicções, não me prostituí e consegui domar minha compulsão sexual de querer conhecer e transar com a esposa dele. Por mais que uma parte minha tenha ficado tentada em transar com ela e o dinheiro oferecido a mim me ajudaria a saldar minha dívida e sair do vermelho, no fundo eu estaria me prejudicando, pois voltaria a ficar andando em círculos e revivendo novamente coisas que eu já sabia no que iam dar. A decisão de eu não aceitar fazer o programa também me proporcionou a oportunidade para eu desenvolver a minha resiliência, criatividade e autoconfiança para enfrentar e superar os desafios que a vida estava me impondo, contribuindo para meu amadurecimento e minha evolução.

Algumas pessoas me perguntam por quais razões eu me interessei e comecei a estudar as ciências sagradas, entre elas a Kabala Hermética. Eu geralmente respondo que estudo as ciências sagradas com o objetivo de me tornar um ser humano melhor, adquirindo poder pessoal por meio do autoconhecimento, conhecendo minha luz, minhas sombras mais profundas, meus desejos e meus propósitos de vida. Alinhando-me às ciências e às leis divinas do universo, esses estudos me ajudam a expandir a consciência e ter uma visão mais abrangente em relação ao coletivo. Assim, vou aprendendo a fazer melhores escolhas e obtendo melhores resultados, evoluindo e prosperando de maneira mais agradável, sem a necessidade de passar por tanto sofrimento, pois me ensina a encarar e superar os desafios com mais suavidade, conquistando a plenitude e o progresso em todas as áreas da vida.

Vitor, você comentou sobre as trocas energéticas que acontecem em uma relação sexual e que temos que observar se a energia da pessoa que estamos nos envolvendo é boa ou ruim. Caso a pessoa tenha se envolvido com um, dois ou até mesmo tenha tido simultaneamente diversos parceiros sexuais e ela esteja percebendo alguns sintomas negativos que possam ser devidos a esses envolvimentos sexuais. Pergunto: existe algo que possa ser feito para amenizar esses sintomas ou a pessoa vai ter mesmo que conviver por um período com parte da energia desses parceiros sexuais?

Existem sim algumas práticas energéticas de limpeza de chacras que auxiliam a suavizar e até mesmo desfazer mais rapidamente esses fios energéticos. E uma boa maneira é por meio da meditação com visualização, imaginando uma tesoura energética cortando esses fios que estão te conectando com a energia dessas pessoas. E à medida que vai cortando esses fios e se desconectando energeticamente desses antigos parceiros sexuais, deseje a eles luz e sabedoria, e que eles sigam o caminho deles em paz.

Em seguida, imagine uma luz violeta transmutando e limpando os seus corpos sutis (etérico, astral e mental) e também seu corpo físico de todos os resíduos de energia negativa que possa ter absorvido desses diversos parceiros. Outros métodos que também podem ser utilizados são os tratamentos com cromoterapia (cura pelas cores), litoterapia (tratamento com pedras e cristais) e também alguns banhos fitoterápicos específicos (procedimentos orientados por terapeutas holísticos).

O mais importante de tudo, e que vai trazer o resultado positivo, é a conscientização de que, quando desperdiçamos a energia sexual tendo vários parceiros simultaneamente, vamos desqualificando a nossa energia sexual. Por outro lado, quando bem utilizada e direcionada, nos impulsiona à prosperidade, proporcionando criatividade, entusiasmo e centramento.

CONSIDERAÇÕES FINAIS

A qualidade das escolhas dos nossos relacionamentos afetivos reflete nas diversas áreas de nossas vidas. Não é à toa que pessoas prósperas e autorrealizadas dão grande importância à energia sexual e à ética em seus relacionamentos amorosos. No universo, tudo é regido por leis, não existe o acaso e também há padrões de atração em cada um de nós. Quando entendemos o funcionamento dessas leis, abrimos portas para o sucesso e para a prosperidade em nossos relacionamentos e demais campos de nossas vidas.

Quero ressaltar que o intuito não é julgar ninguém, mas por eu ter vivido a fundo essa experiência, com mais consciência sobre a energia sexual e o valor dos relacionamentos afetivos, hoje me vejo no dever de compartilhar com vocês essas experiências e reflexões, principalmente por estarmos nessas últimas décadas vivendo um intenso processo de banalização em relação ao sexo. A indústria pornô contribui negativamente distorcendo a verdadeira essência do que é a energia sexual e uma relação afetiva construtiva, ao contrário disso, influencia de maneira perniciosa e destrutiva. A pornografia explora o sexo tratando pessoas como objetos sexuais, principalmente em relação às mulheres; a pornografia ensina uma masculinidade tóxica e estimula uma sexualidade doentia, pois as relações sexuais estão distorcidas ali no vídeo e não mostram a verdadeira essência da troca sexual entre duas pessoas.

A energia sexual é poderosa e sagrada. É uma energia de criação, de realizações. Por isso é importante utilizar bem esse poderoso fluxo energético. Hoje, com mais consciência, estou aprendendo a canalizar e direcionar melhor essa energia para meus projetos de vida e tendo mais cuidado com a qualidade dos meus relacionamentos amorosos, pois o sexo realizado com consciência, com amor, com bons sentimentos, é uma conexão física e espiritual, que funciona como impulso para o casal envolvido prosperar.

Nessa jornada evolutiva da escola da vida, estou entre a luz e a sombra, e o que está determinando minha evolução são minhas atitudes para ser aprovado nessa matéria dos relacionamentos afetivos. Afinal, nessa escola, não basta apenas aprender, mas devemos também ensinar. Igualmente, não basta aprender e ensinar, mas principalmente devemos praticar.

Não estou dizendo que não estou sujeito a "pisar na bola", até porque sou humano, mas estou mais atento e consciente em relação a essa lição que aprendi e continuo aprendendo. Nessa batalha entre luz e sombra, hoje digo e afirmo que minha luz está vencendo.

Por fim, faço um convite a todos vocês que chegaram até aqui, para fazerem uma autoanálise sobre a qualidade dos seus relacionamentos afetivos, observar de que forma está sendo utilizada e direcionada a sua energia sexual e, se for o caso, colocar em prática, fazendo as mudanças necessárias para perceber a prosperidade fluindo no decorrer de sua vida.

AGRADECIMENTOS

Quero externar minha gratidão aos ex-atores e às ex-atrizes com quem conversei e contribuíram para esta obra por meio de seus relatos.

Em especial, meus agradecimentos ao Prof. Wanderlei Paes (Mestre em Ciências Herméticas e Diretor Geral do Instituto Luminar Atlante), à Prof.ª Cristina Amaro (Coordenadora do Espaço Consciencial Cognytus) e ao Terapeuta Moa Ribeiro (Coordenador do Núcleo Mama Oaska), por me auxiliarem no meu despertar espiritual.

Ao meu amigo, o educador e pesquisador Marcelo Bomfim, pelo auxílio na concretização deste livro.

Também meu agradecimento a você, que me prestigiou por meio da sua leitura; espero ter contribuído com algo positivo em sua vida.

Um abraço fraterno, com meus sinceros votos de paz, amor, harmonia e felicidade.